ALFRED DE VIGNY

ESQUISSE LITTÉRAIRE

Par Gerbert BRUNON

Étudiant en Droit.

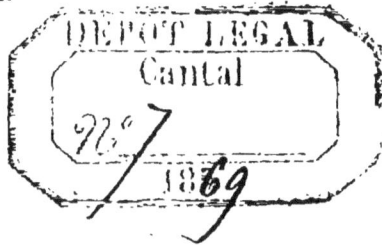

AURILLAC,

IMPRIMERIE DE L. BONNET - PICUT,
Imprimeur de la Préfecture.

1869

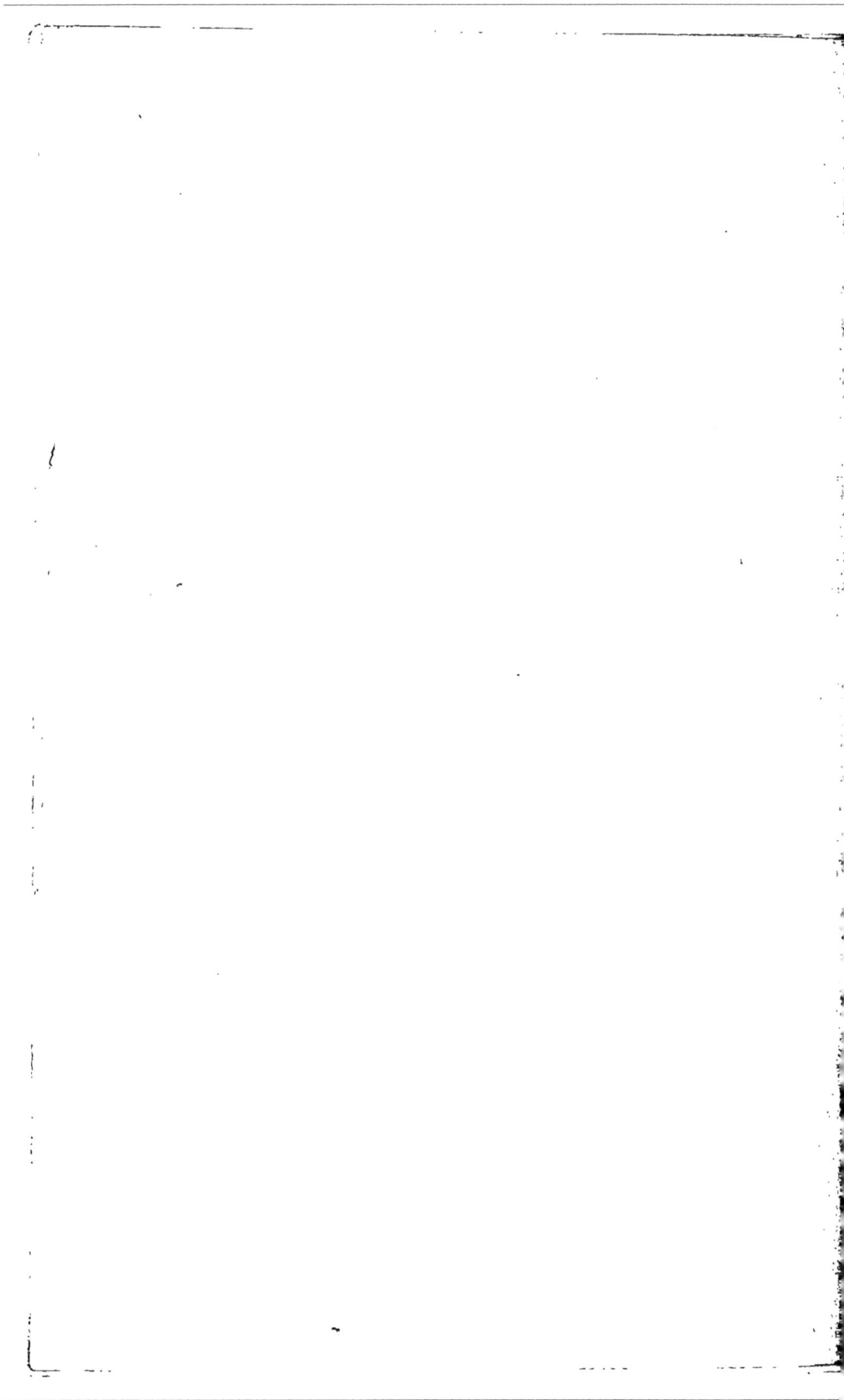

ALFRED DE VIGNY

ESQUISSE LITTÉRAIRE

PAR GERBERT BRUNON

ÉTUDIANT EN DROIT.

AURILLAC

IMPRIMERIE DE L. BONNET-PICUT,

IMPRIMEUR DE LA PRÉFECTURE.

——

1869.

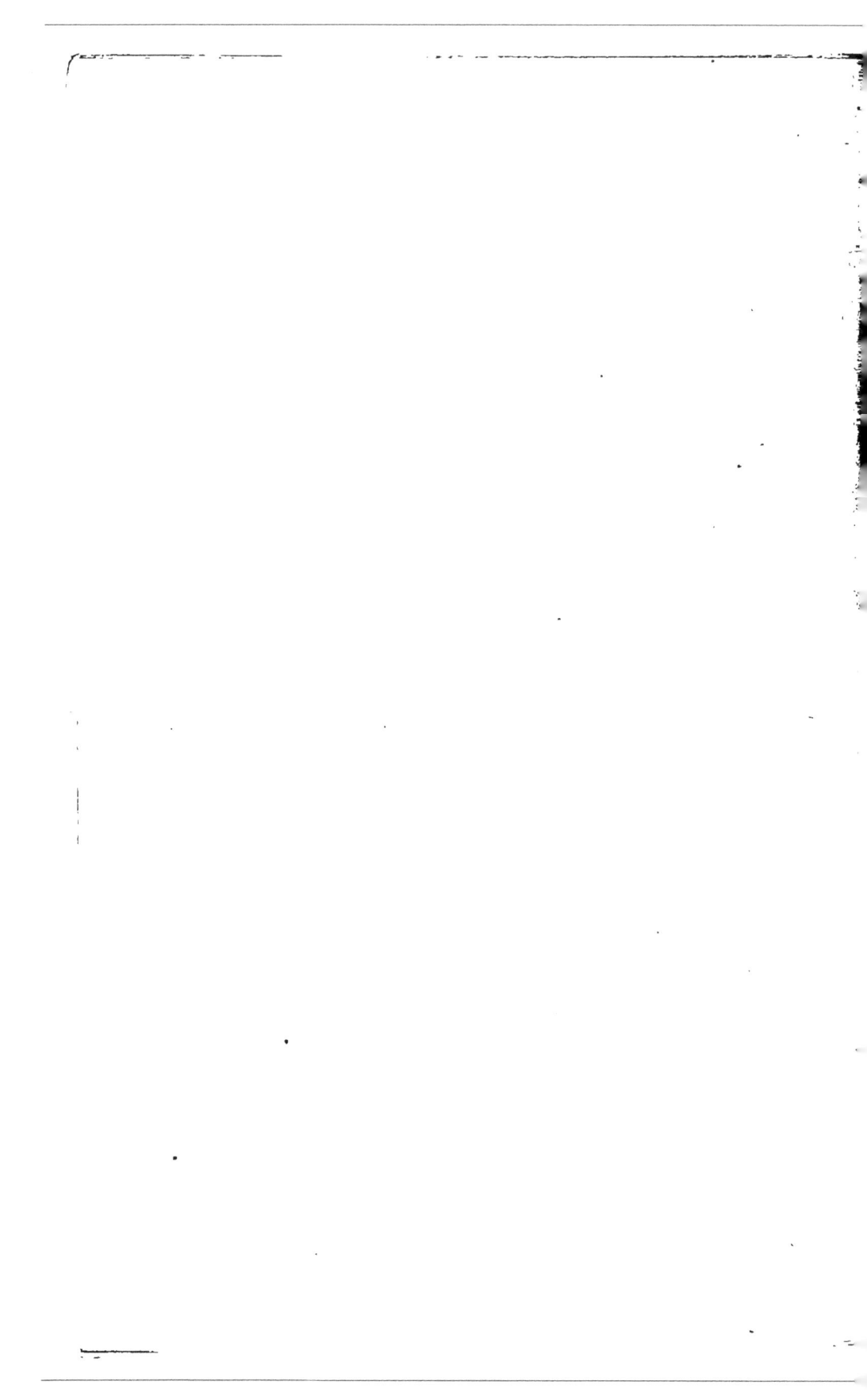

ALFRED DE VIGNY

ESQUISSE LITTÉRAIRE.

Dans un temps où le métier envahit souvent le
domaine de l'art, où la spéculation s'introduit dans
la littérature, où la plupart des écrivains, se préoc-
cupant surtout des bénéfices pécuniaires, ne recher-
chent que les conditions d'actualité de leurs œuvres,
on aime à reposer son regard sur les sereines et
nobles physionomies de ceux qui, recueillis dans
leur inspiration, écrivent pour l'avenir, et, dédai-
gneux des succès éphémères, n'abandonnent jamais
les régions élevées de la pensée. L'amour des intérêts matériels écarte malheureusement les esprits
de plus nobles préoccupations, et les souffles qui
traversent notre atmosphère intellectuelle sont
d'ailleurs trop glacés pour être favorables à l'éclo-
sion des chefs-d'œuvre. Les réalités de la vie
tiennent aujourd'hui trop de place dans les existences individuelles pour que l'on daigne s'intéres-

ser à l'idéal. Le vent du siècle n'étant donc ni à la poésie, ni aux poètes, il ne nous a pas paru hors de propos de parler d'un homme qui eut, entre tous, la passion désintéressée des choses intellectuelles, et de montrer par là quelle sérénité et quelle élévation cette même passion peut apporter dans la vie.

Autant que possible, dans cette étude, nous chercherons à éclairer l'œuvre du poète par la vie de l'homme. C'est ainsi que Sainte-Beuve et M. Taine ont compris la critique littéraire; une analyse à la manière de La Harpe ne donne que des résultats insuffisants; la méthode naturelle, au contraire, a, de nos jours, accompli des chefs-d'œuvre de vérité et d'intuition.

Alfred de Vigny naquit à Loches, le 27 mars 1797, la même année que Thiers et Méry. Trois frères l'avaient précédé, mais aucun n'avait vécu.

Sans être très-illustre, la noblesse de cette famille était loin d'être de fraîche date Dans un titre daté de 1570, Charles IX remercie François de Vigny, un des aïeux de notre poète, de services importants rendus au royaume, dans les charges qu'on lui avait confiées. Un de Vigny était gouverneur de Brest en 1643. Le duc de Luynes, dans ses mémoires, parle d'une pension de 1,200 livres accordée à M. de Vigny, écuyer de quartier, fils de M. de Vigny, lieutenant-général des bombardiers

Ce dernier, souvent cité dans les mémoires militaires relatifs à la succession d'Espagne, avait imaginé une nouvelle espèce de bombe appelée *carcasse*. Un autre membre de la même famille, Jean-René de Vigny, ancien mousquetaire, retenu à Londres par ses créanciers, et mettant à part d'aristocratiques préjugés, eut la singulière idée d'écrire à l'acteur Garrick pour lui demander un secours. Comme la plupart des gentilshommes de province, les de Vigny restaient au service jusqu'au grade de capitaine, et n'avaient d'autre ambition que de revenir avec la croix de St-Louis, dans leur manoir de la Beauce, et, une fois là, d'autre désir que de courir un cerf ou de traquer un loup. A ceux qui trouveraient hors de propos ces détails généalogiques, nous répondrons que la critique ne doit jamais séparer la fleur de la plante qui l'a nourrie. On ne peut mettre en doute les influences héréditaires, pas plus que celles de la race, du tempérament, du siècle et du milieu, tout en faisant une large part au libre arbitre et à l'individualité humaine.

Ainsi, ne peut-on pas dire que si Alfred de Vigny a porté l'épée, c'est en grande partie parce que ses aïeux lui en avaient donné l'exemple, et que s'il a écrit *Servitude et Grandeur militaire*, c'est parce qu'il avait été officier pendant quatorze ans. De même l'esprit de gentilhommerie se retrouve dans *Cinq-Mars*, cette sorte d'oraison funèbre de la noblesse, dans laquelle Richelieu n'est pas épargné.

Le comte Léon de Vigny, père d'Alfred, était un débris de la guerre de sept ans. Officier de cavalerie, et même un peu courtisan, il avait vu le grand Frédéric sur les champs de bataille et causé avec d'Assas au bivouac de Clostercamp. Criblé de blessures et perclus de rhumatismes, il possédait au plus haut degré cette bonté presque maternelle du vieux soldat, et cette grande indulgence qui se cache sous une apparente insensibilité. Il avait épousé M\ :sup\:lle de Baraudin, fille de l'amiral, cousine de Bougainville et petite-nièce du poète Regnard.

C'était une femme d'une grande beauté et d'une distinction parfaite : les dons les plus rares de l'esprit s'unissaient en elle aux précieuses qualités du cœur. A l'inverse du père, qui traitait son Alfred avec une douceur toute maternelle, elle opposait toujours une certaine sévérité et une grande fermeté de caractère aux caprices de l'enfant.

Comme on le voit, les termes étaient renversés.

Le comte de Vigny transmit à son fils l'amour de l'épée en même temps que cet inflexible sentiment de l'honneur, puisé dans le métier des armes. Il tint de sa mère la grâce charmante mais peu virile de sa personne, cette fierté du gentilhomme qu'il s'avouait à peine, et que pourtant il conservait à son insu au fond de l'âme, cette conviction silencieuse mais inébranlable, qui opposait à tous les arguments une fin de non recevoir absolue.

La révolution avait ruiné le comte de Vigny et cruellement éprouvé sa femme dans ses affections ; elle avait vu traîner son père dans les prisons de Loches. Le vieux marin y était mort en apprenant que son fils avait été fusillé à Quiberon.

Cependant la tourmente touchait à sa fin ; l'air de Paris devenait respirable pour les familles royalistes. Aussi, dix-huit mois après la naissance de cet enfant, conçu en des jours de deuil et d'angoisses, M. et Mme de Vigny vinrent habiter un appartement à l'Elysée - Bourbon. Depuis qu'il était devenu propriété nationale, l'Etat louait ce palais à des particuliers.

Des maîtres choisis par sa mère y élevèrent l'enfant jusqu'au jour où il entra au collége. Son père le prenait souvent sur ses genoux, lui racontait ses campagnes, lui parlait de Louis XV et du grand Frédéric. Ces récits faisaient sur la jeune imagination de l'enfant une impression qui ne s'effaça jamais.

Il était curieux et questionneur infatigable. Le vieil officier lui disait en souriant qu'il ressemblait à *l'interrogant bailli* de Voltaire. Mieux que ses maîtres, il l'initiait à la vie, à la façon du père de Montaigne qui, le matin, réveillait son fils au son de la musique. Le comte de Chateaubriand n'en usait pas de même, au château de Combourg, à

l'égard du futur auteur de *René* ; mais cette sévérité n'étouffa pas ce génie mélancolique et hautain ;
elle fut même une des causes qui le firent naître.
Ce système d'éducation, appliqué à une organisation
de sensitive, comme celle d'Alfred de Vigny, eût
tari la veine dans sa source, eût flétri dans le
bourgeon les pétales de la fleur. Il y a certaines
natures d'enfant qu'il faut soigner comme des
plantes en serre chaude, et dont il faut craindre de
faire couler les larmes.

Un jour, M. de Vigny, en rentrant à l'Elysée,
annonça à son fils, avec des sanglots dans la voix,
la mort du duc d'Enghien. C'est de ce jour que
date la sourde antipathie que le poète voua, dans
la suite, à la sombre figure de Napoléon et qu'on
retrouve dans les pages de *Servitude et Grandeur
militaire*.

Alfred alla bientôt à l'institution de M. **Hix**,
dont les élèves suivaient les cours du lycée Bona-
parte. Il y fit de rapides progrès ; son ardeur au
travail était excessive et compromettait sa santé.
Son excellente mémoire le servait à merveille ;
aussi les éloges des professeurs et les prix d'excellence pleuvaient sur lui, en même temps que
les horions de ses camarades, au milieu desquels
le rendaient impopulaire cette même supériorité,
sa sauvagerie, sa désinvolture féminine et enfin
la particule qui précédait son nom. Pendant les
récréations, on lui volait le pain de son déjeû-

ner et il ne pouvait en racheter la moitié qu'en faisant les devoirs de ses persécuteurs ; puis, songeant que ses progrès étaient là cause indirecte de ces vexations, et préférant les punitions des maîtres aux mauvais traitements des élèves, il cessa de travailler avec la même ardeur. Le pauvre enfant devint sombre et pensif ; au lieu de s'épanouir, cette jeune âme, d'une sensibilité si profonde et d'une susceptibilité si délicate, se replia sur elle-même. Les premiers sentiments que l'on éprouve au collége, les premières émotions que l'on y ressent, impriment quelquefois au caractère certaines directions qui influent sur la vie tout entière.

On se demande si un système d'éducation, qui consiste à arracher l'enfant aux pieuses influences de la famille pour le jeter entre les quatre murs d'un pensionnat, n'est pas une longue et funeste erreur. Le plus souvent au collége, l'enfant a sous les yeux le spectacle de la plus révoltante immoralité ; s'il est le plus faible, il sera persécuté ; si son intelligence est paresseuse ou sa mémoire indocile, il sera puni par ses maîtres. En dernière analyse, l'émulation n'est autre chose que l'envie ; ce sentiment germe de bonne heure dans son cœur, en même temps que la haine contre ses maîtres qui l'humilient, ses surveillants qui le punissent, ses camarades qui le battent. Laissez donc l'enfant à sa mère ; elle l'élèvera mieux que ses maîtres. Après quelques heures passées dans une classe à

1*

écouter son professeur, le jeune écolier devrait respirer en liberté la saine et douce atmosphère de la famille. C'est aux maîtres qu'incombe le soin d'enrichir la mémoire, d'exercer le jugement, de développer les facultés de l'esprit; mais c'est à la mère seule que doit être réservé celui d'initier le cœur à la pitié, au dévouement, à l'amour (1).

Il est temps de fermer cette longue parenthèse. Certes, le petit Alfred en quittant M. Hix, ne s'arrêtait pas ainsi en chemin, et c'était toujours avec joie qu'il regagnait le logis paternel. Il s'y reposait des tracasseries de la journée, au milieu d'un cercle d'élite, dont la conversation aimable, enjouée, mais aussi pleine d'enseignements, charmait son esprit et exaltait son imagination. Aristocratiques et derniers échos du XVIIIe siècle, qui ne frappèrent pas en vain son oreille! Pâles et

(1) Le mot de l'avenir, que certaines écoles cherchent dans le bouleversement des conditions sociales, ne se trouverait-il pas plutôt dans un remaniement complet de notre système d'éducation? Les traditions pédagogiques, telles que les jésuites les avaient instituées, bonnes pour l'ancienne société, ne le sont plus pour la nôtre. Les législateurs de 89 les ont malheureusement respectées. Napoléon, en créant l'Université, n'a pas innové, et a copié l'ancienne organisation. Singulière anomalie! Bizarre contradiction! Sous ce rapport, nous sommes restés parfaitement stationnaires, pendant que tout a changé autour de nous.

fugitifs reflets qu'il fixa plus tard dans les pages immortelles de *Stello !*

Quelquefois, à l'automne, on l'emmenait au Tronchet, chez une de ses tantes. Le vieux château, dont le vent faisait tristement grincer les girouettes, les portraits d'ancêtres dans les salles délabrées, les feuilles mortes tourbillonnant dans les avenues ou voilant la surface des étangs, les immenses plaines sur lesquelles l'automne jetait ses nuances infinies si douces au regard, les lointains, noyés dans les feux du couchant, les grands bois jaunis et dépouillés dans lesquels son père l'initiait aux héréditaires plaisirs de la chasse, toutes ces choses donnaient à son âme bien des joies enfantines, auxquelles se mêlait pourtant cette mystérieuse mélancolie qui précède toujours la venue de la muse dans le cœur des poètes.

On était alors aux temps les plus orageux de l'Empire. Le bruit des victoires retentissait bruyamment dans Paris. La jeunesse, entassée dans les lycées, conduite au son du tambour, prenait l'étude en dégoût, et n'obéissant plus à la voix des maîtres, ne rêvait que sabres et canons, bivouacs et carnages. Elle avait hâte d'avoir aussi sa part de dangers et de gloire. Cette fièvre d'héroïsme gagna surtout le jeune de Vigny. Cependant sa muse, que n'effarouchait pas le bruit du clairon, le visitait quelquefois. Un jour, sa mère ayant recueilli quelques bribes de sa précoce inspiration, lui demanda ce qu'il voulait être : « lancier rouge ! lancier rouge ! » répondit l'enfant. Mais son père qui, le jour de la St-Louis, lui faisait baiser sa croix de chevalier, ne l'entendait pas ainsi, et craignant pour son fils la contagion du bonapartisme, le retira du lycée et le conduisit dans le monde.

La pensée refit bientôt valoir ses droits sur ce jeune homme prédestiné aux souffrances et aux travaux de l'esprit. La fièvre du travail ne tarda pas à le reprendre. Sous la direction d'un vieux précepteur, l'abbé Gaillard, il se mit à traduire Homère en anglais, à composer des fragments de comédies, de tragédies et de romans qu'il déchirait ensuite, à écrire une histoire da la Fronde. L'idée de *Cinq-Mars* germait déjà dans sa tête. Il travaillait volontiers la nuit, comme *Stello* nous le dira plus tard, « dans le calme adoré des heures noires. »

Cependant, le désir de la lutte et de l'action ressaisit bientôt son cœur, le poète et le penseur n'étaient pas encore assez mûrs en lui pour que la méditation solitaire pût lui suffire et ne dévorât pas sa jeune âme. N'y tenant plus, il souhaita encore autre chose que l'étude. Le temps dans lequel il vivait, les circonstances au milieu desquelles il avait grandi, les influences héréditaires, tout le poussait irrésistiblement à l'action. Il ne voulait plus être lancier rouge, mais officier d'artillerie, et il se plongeait avec fureur dans la géométrie analytique et le calcul intégral. Il allait se présenter aux examens de l'école polytechnique, quand les événements de 1814, en ramenant les Bourbons, servirent à souhait ses désirs en lui ouvrant tout de suite les cadres de l'armée.

Il entra, le 1er juin 1814, dans les gendarmes de la Maison-Rouge, dont chaque cavalier avait le grade de sous-lieutenant. Quelques jours après, Lamartine entrait dans les gardes du corps. Les deux poètes, au début de leur vie, endossèrent le harnais militaire; mais, pour le second, il ne fut qu'une élégante parure qu'il eut la fantaisie de revêtir un instant et dont il se dépouilla presque aussitôt; tandis que, pour le premier, l'uniforme fut un cilice sous lequel il souffrit pendant quatorze ans, soupirant après la gloire des armes que lui refusa toujours la destinée, et cruellement tourmenté par la lutte intérieure que se livraient un cœur amoureux de l'action et une âme toute contemplative. Mais n'anticipons pas, la désillusion n'était pas encore venue, et il en était encore tout à la joie qu'il dut ressentir le premier jour où il revêtit son brillant uniforme et où il posa son grand casque sur sa blonde chevelure. Il n'avait alors que dix-sept ans, et la délicatesse de sa personne, d'une grâce un peu féminine, excitait quelquefois les railleries de ses camarades. Comme notre gendarme rouge était parfaitement imberbe, on le taquinait sans cesse en lui empruntant des rasoirs dont il n'avait que faire. A bout de patience, il finit par leur demander raison de ces plaisanteries ; mais les railleurs étaient de bons enfants, et l'affaire s'arrangea.

A peine guéri d'une chute de cheval, le jeune officier accompagna le roi jusqu'à la frontière qu'il ne franchit pas ; mais il ne put rentrer à Paris et fut interné à Amiens jusqu'au retour des Bourbons. Dans l'histoire de *Laurette*, le poète nous a laissé un pittoresque récit de ce voyage qui fut presque sa seule campagne.

Le drame de Waterloo vint bientôt clore l'orageux épisode des Cent-Jours, et la seconde restauration commença. Louis XVIII sacrifia les corps d'officiers aux susceptibilités des grognards de l'empire, et licencia les gendarmes de la Maison-Rouge au mois de décembre 1815.

Alfred de Vigny passa alors dans la garde royale à pied avec le grade de sous-lieutenant, en mars 1816.

Mais la muse touchait parfois du bout de son aile ce front de poète sur lequel un bonnet de grenadier semblait parfois étrangement posé. Dès l'année 1815, il avait composé la *Dryade* et *Symetha*. L'imitation d'André Chénier, dont Chateaubriand et Millevoye avaient déjà donné des fragments (1), se trahit dans ces délicieuses poésies, d'un souffle un peu contenu cependant, mais dont la

(1) Les œuvres d'André Chénier ne furent publiées qu'en 1819, par H. de Latouche.

forme offre une perfection qu'on ne rencontre pas toujours dans des productions du même auteur plus vieilles en date. L'influence des traditions du XVIIIe siècle s'y fait encore sentir. Du reste, les révolutions littéraires ne s'accomplissent jamais sans transition. Les poètes romantiques furent d'abord timides dans leurs conceptions et leur langage : Victor Hugo dans ses odes, Théophile Gautier dans ses premières poésies n'avaient pas encore cette liberté d'allures et cette audace militante qui devaient les caractériser plus tard.

Une exquise délicatesse dans le choix des images et une grande élévation dans les idées marquent cependant d'une empreinte originale ses premières productions.

> Quand la lune au front pur, reine des nuits d'été,
> Verse au gazon bleuâtre un regard argenté.

Que de nuances d'une insaisissable finesse dans ces diverses épithètes ! Recherche de la rareté, du mystérieux, de l'indécis, du vaporeux, de l'aérien, d'une part, mais avant tout préoccupation constante de l'idée, élévation de la pensée qu'il s'efforce sans cesse de dégager du voile poétique dont il l'enveloppe.

Nous reviendrons plus tard sur ce jugement qui n'est pas à sa place à cette partie de notre étude ; il faut suivre maintenant le sous-lieutenant dans ses étapes militaires.

Successivement en garnison à Paris, à Versailles,
à Courbevoie, à Vincennes, il consacrait à la poésie
et à la lecture de la Bible les rares instants que lui
laissaient les exigences du service. Quand il avait
subi les fatigues et les ennuis des jours de manœu-
vre ou de revue, il ne suivait pas ses camarades
aux estaminets ou ailleurs, et se retirait de bonne
heure dans sa chambre. A la discrète clarté de la
lampe, il s'y livrait avec joie à ses travaux et à ses
méditations solitaires. Comme il faisait passable-
ment manœuvrer sa compagnie et qu'il possédait
assez bien sa théorie de l'école de peloton, ses camarades croyaient qu'il se livrait avec fureur à
l'étude de l'art militaire et avaient pour lui la plus
grande considération. Il fréquentait peu les jeunes
officiers dont il n'aimait pas le bavardage et la
fatuité, et recherchait de préférence les vieux capi-
taines à la moustache grise, au dos voûté, au geste
brusque, à la parole brève, cachant sous des dehors
froids et modestes l'héroïsme et la bonté. Après
les repas pris en commun, il les accompagnait dans
leurs promenades et écoutait le récit de leurs campagnes. Il savait faire causer ces vieux grognards
qui, à leur insu, livraient au jeune officier le secret
de leur âme; il aimait à voir glisser une larme arra-
chée par le souvenir sur leurs joues bronzées,
tatouées de coups de sabre. Ces sublimes et naïves
confidences faisaient naître dans son âme l'idée de
Servitude et Grandeur militaire.

Un jour que le jeune sous-lieutenant marchait sur la route de Rouen avec son bataillon, il aperçut, à demi cachées par les arbres, les quatre tours du château de Vigny. Cette féodale demeure avait appartenu à ses ancêtres ; mais, depuis l'année 1554, elle avait passé, à la suite d'une alliance, à la famille des St-Pol, qui l'avait vendue au cardinal d'Amboise. Quoi qu'il en soit, ses camarades voulurent qu'il leur en fît les honneurs ; il leur offrit alors dans la mauvaise auberge du village, un assez piètre déjeûner, mais que rehaussèrent la bonne grâce de l'amphytrion, en même temps que la bruyante gaîté des convives.

M. de Vigny allait aussi quelquefois dans le monde ; c'est au bal qu'il renoua connaissance avec Emile Deschamps, un de ses camarades d'enfance qu'il avait perdu de vue. Ses instincts poétiques l'entraînaient dans la société de quelques autres littérateurs, Guiraud, Jules Lefebvre, Antoni Deschamps, Pichald, Soumet, auxquels il a dédié quelques-unes de ses premières poésies. Les réunions du cénacle n'eurent jamais une très-grande influence sur son génie, d'ailleurs trop individuel et trop original pour recevoir un mot d'ordre littéraire. Il donnait de temps en temps quelques articles à la *Muse française*, un entre autres sur les œuvres posthumes de M. le baron de Sorsun, traducteur de Shakspeare. On y retouchait parfois sa prose, qui n'était pas encore arri-

vée à la perfection qu'elle devait atteindre dans *Stello ;* mais ces corrections éveillaient sa susceptibilité et impatientaient l'ombrageux officier.

Dans les salons qu'il fréquentait, M. de Vigny rencontra, malheureusement pour elle, Mlle Delphine Gay, alors dans la première floraison de la beauté et du talent. La jeune muse ne put voir, sans l'aimer, le pensif sous-lieutenant à la mine fière et souriante, à la blonde chevelure, dont les yeux bleus étaient noyés dans une perpétuelle rêverie. Ne s'asseyant jamais à une table de jeu, regardant d'un œil distrait tourbillonner les danseurs, l'élégant poète recherchait, loin des cercles bruyants, les conversations discrètes, dans un coin sombre, comme l'Alceste de Molière.

Aima-t-il Delphine Gay d'une affection bien profonde? On peut en douter. Son âme était alors toute à la poésie, son cœur ne soupirait qu'après la gloire. Sainte-Beuve a cité, dans un de ses *Lundis,* une lettre de Mme Sophie Gay à Mme Desbordes Valmore, qui habitait alors Bordeaux au moment où le jeune officier venait d'y arriver. Nous la reproduisons ici, car elle éclaire d'un jour nouveau ce moment de la jeunesse du poète :

« Ce charmant Emile (Deschamps) m'a dit que son cousin, M. D., avait le bonheur de vous voir souvent; il connaît aussi M. de Vigny, et je présume qu'en ce moment il vous a déjà amené le poète guerrier. Je vous le dis bien bas, c'est le

plus aimable de tous, et malheureusement un jeune
cœur qui vous aime tendrement et que vous proté-
gez beaucoup , s'est aperçu de cette amabilité
parfaite. Tant de talents, de grâces , joints à une
bonne dose de coquetterie, ont enchanté cette âme
si pure, et la poésie est venue déifier tout cela. La
pauvre enfant était loin de prévoir qu'une rêverie
si douce lui coûterait des larmes; mais cette rêverie s'emparait de sa vie. Je l'ai vu, j'en ai tremblé,
et après m'être assuré que ce rêve ne pouvait pas
se réaliser, j'ai hâté le réveil. — Pourquoi? me
direz-vous. Hélas! il le fallait. Peu de fortune de
chaque côté : de l'un, assez d'ambition , une mère
ultra-vaine de son titre, de son fils, et l'ayant
déjà promis à une parenté riche, en voilà plus qu'il
ne faut pour triompher d'une admiration plus vive
que tendre; de l'autre, un sentiment si pudique
qu'il ne s'est jamais trahi que par une rougeur
subite, et dans quelques vers où la même image
se reproduisait sans cesse. Cependant le refus de
plusieurs partis avantageux m'a bientôt éclairée;
j'en ai demandé la cause et je l'ai pour ainsi dire
révélée par cette question. Vous la connaissez et
vous l'entendez me raconter naïvement son cœur.
Le mien a été cruellement ému.

« Comment, pensais-je, n'est-on pas ravi d'ani-
mer, de troubler une personne semblable? Comment ne devine-t-on pas , ne partage-t-on pas ce
trouble! Et malgré moi , j'éprouvais une sorte de

rancune pour celui qui dédaigne tant de biens. Sans
doute, il ignore l'excès de cette préférence, mais
il en sait assez pour regretter un jour d'avoir sa-
crifié le plus divin sentiment qu'on puisse inspirer
aux méprisables intérêts du grand monde.

« Voilà une confidence qui prouve tout ce que
vous êtes pour moi, chère amie, et je n'ai pas
besoin de vous en recommander le secret. Mais je
dois à ce malentendu de la société un chagrin de
tous les jours et que vous seule pouvez bien com-
prendre. Si vous voyez cet Alfred, parlez-lui de
nous et regardez-le; il me semble impossible qu'un
certain nom ne flatte pas son oreille. Il a de l'amitié
pour moi, et je lui en conserve de mon côté, à travers mon ressentiment caché. Je suis sûre que
vous le partagerez un peu et que vous ne lui par-
donnerez pas de ne point l'adorer. Leurs goûts,
leurs talents, s'accordaient si bien!.... »

Quel charme et quelle réserve dans cette confidence! Quelle douleur sincère mais contenue,
quelles plaintes discrètes s'exhalent de cette lettre!
Cette union aurait elle été heureuse comme semble
le prédire cette mère désolée? Une entière confor-
mité de sentiments et de goûts ne fait pas toujours
le bonheur; les âmes ne sont pas seules unies dans
le mariage, et l'amitié qui doit succéder à l'amour
des premières années s'accommode mieux du
contraste des caractères. Une femme d'une nature
plus positive convenait peut-être mieux au ménage

d'un poète; lorsque l'un des époux vit dans les nuages, il est bon que l'autre s'occupe un peu des choses de la terre.

Cette vie mêlée de travaux intellectuels et de fatigues physiques que menait le sous-lieutenant de Vigny, finit par altérer une santé naturellement délicate. Dès 1819 sa poitrine s'entreprit. Mais il opposait aux progrès de la maladie une énergie peu commune. « Il fallut, dit-il, continuer le service jusqu'à la mort. Ce n'est que lorsque un homme est mort qu'on croit à sa maladie dans un régiment. » Un jour, pouvant à peine se traîner, crachant le sang, se cachant dans les fermes pour boire du lait, par une sorte de pudeur militaire qui n'est pas rare à l'armée, il fit néanmoins la route d'Amiens à Paris avec son bataillon. Le noble poète avait un sentiment exalté de l'honneur et du devoir qui ne l'abandonna jamais.

Il appelait la guerre de tous ses vœux, mais l'horizon politique s'éclaircissait, au contraire, de jour en jour. La France avait besoin de repos après vingt ans de guerres et de révolutions. Seulement les jeunes gens qui avaient respiré l'atmosphère orageuse des derniers temps de l'Empire ne pouvaient se résigner à la paix. Les impatiences et les ardeurs de cette forte génération trouvèrent heureusement une issue dans la politique et la littérature.

Le 22 juillet 1822, M. de Vigny fut nommé

lieutenant. En mars 1823, il passa par rang d'an-
cienneté, avec le grade de capitaine, au 55ᵉ de
ligne, qui était alors dans les Vosges. Le comte
James de Montrivault était colonel de ce régiment.
Le capitaine de Vigny lui faisant un jour observer
qu'il fatiguait ses soldats, il lui répondit : « Mon
ami, il faut toujours exiger des hommes plus qu'ils
ne peuvent faire, afin d'en avoir tout ce qu'ils peuvent faire. »

. Quelques mois après, le 55ᵉ, qui venait d'arriver
à Strasbourg, dut se rendre à Bordeaux pour y
tenir garnison. Le jour de l'étape de Nancy, le
capitaine de Vigny reçut l'ordre d'accompagner
les fourriers pour aller reconnaître les logements.
Tout le long de la route, il causa avec un simple
soldat, M. Pauthier, qui devint plus tard un savant
sinologue. Arrivé à l'étape, il lui fit donner un
billet de logement d'officier. Ainsi se noua cette
amitié qui devait durer jusqu'à la mort du poète;
certes, c'est un titre sérieux à l'estime que l'amitié
de M. de Vigny, car il ne l'accordait qu'à bon
escient.

La guerre d'Espagne venait d'être résolue ;
notre belliqueux rêveur le savait bien, et il n'avait
quitté la garde, dont il aimait les garnisons, que
parce qu'il espérait faire campagne. Il écrivait à
M. de St-Valry, rédacteur de la *Muse française* :
« Aujourd'hui, le lendemain du jour de ma naissance, vient de m'arriver ce nom de capitaine

auquel semblent seulement commencer les grandes
choses de la guerre, et ce grade qui, le premier,
donne un peu de liberté et quelque puissance. Avec
lui m'est arrivée la nouvelle que j'irai en Espagne,
quand le régiment sera complet. Ainsi je mérite
vraiment toutes vos félicitations, puisque je me
vois certain de faire cette guerre de du Guesclin
et d'appliquer aux actions les pensées que j'aurais
pu porter dans des méditations solitaires et inu-
tiles. »

Il croyait donc toucher à la réalisation de ses
vœux les plus ardents; après un court séjour à
l'île de Ré, le 55e fut dirigé vers les Pyrénées.
Mais hélas! il ne franchit pas la frontière; il faisait
partie du corps de réserve et dut s'arrêter à Pau.
Cette fois la désillusion fut complète; M. de Vigny
ne se consola jamais de n'avoir pas assisté à la
prise du Trocadéro. La muse vint alors le consoler
dans les solitudes pyrénéennes, en lui dictant les
poèmes du *Cor* et de *Dolorida*. Certes, ce n'est
pas nous qui nous plaindrons de cette apparente
inaction, car elle nous a valu *Cinq-Mars* : il en
avait écrit le plan à Oloron, dans une de ces nuits
de fièvre et de travail dont il n'usait que trop souvent pour sa frêle santé.

Le capitaine de Vigny resta encore quatre ans
sous les drapeaux, loin de Paris, dans le midi de
la France, ne pouvant se guérir de l'amour héré-
ditaire des armes et « retenu par cette sorte d'ai-

mant qu'il y a dans l'acier d'une épée (1). » Mais
le désenchantement ne faisait que croître ; au surplus, en son âme, la pensée commençait à l'em-
porter sur l'action, et sa santé ne lui permettait
plus de continuer le service. N'y tenant plus , le
27 avril 1827 il se fit réformer. Il avait alors trente
ans et en avait passé quatorze sous les armes. On
ne peut en douter, il y avait en M. de Vigny
l'étoffe d'un officier distingué, et s'il avait été servi
par les circonstances , il se serait élevé aux premiers grades de l'armée. La France aurait eu
peut-être un général de plus, qu'importe ! Après
tout, elle en a tant; mais elle n'a pas perdu au
change, puisque sa littérature s'est enrichie de
Chatterton et de *Stello*. Les penseurs sont plus
rares et plus précieux que les hommes d'action, et
leur gloire inoffensive ne coûte ni larmes ni sang !

M. de Vigny avait épousé, en 1825, une jeune
anglaise, Mlle Lydia Bumbury, qu'il avait rencon-
trée à Pau. Le père avait consenti à ce mariage
pour ne pas contrarier sa fille, mais comme il avait
horreur des poètes, il ne voulut jamais voir son
gendre. Il s'efforça même d'oublier qu'un enfant
des muses était entré dans sa famille, à tel point
qu'à Florence, se trouvant assis à table près de
M. de Lamartine, il lui demanda tout à coup s'il
connaissait en France beaucoup de poètes.

(1) *Servitude et grandeur militaire.*

« J'en connais en effet quelques-uns, répondit M. de Lamartine. » — « J'ai donné ma fille à l'un d'eux, » ajouta l'Anglais, mais il ne put parvenir à articuler la première syllabe de son nom.

M. de Lamartine cita alors Alfred de Vigny et quelques autres des plus célèbres.

« Vigny ! Vigny ! c'est cela, » s'écria l'intéressant beau-père.

Dans la suite, il se souvint pourtant de son gendre pour le déshériter. Sa fille n'avait apporté qu'un procès en dot à son mari (1). Un biographe célèbre, mais dont on peut suspecter la sincérité, affirme que parmi les immeubles concédés par contrat de mariage à la jeune épouse, se trouvait une île située dans l'Océanie et peuplée de sauvages. L'ex-capitaine du 55e de ligne n'avait donc pas fait en se mariant ce qu'on appelle une *bonne affaire*, mais si Mme de Vigny n'apporta pas la fortune dans la modeste maison du poète, elle y apporta le dévouement et l'amour, des mœurs graves et honnêtes, choses non moins précieuses que tous les trésors. Plus remarquable sous le rapport des qualités du cœur que de celles de l'esprit, elle fut pour son mari une compagne fidèle et dévouée. D'une santé naturellement délicate, elle fut presque toujours malade pendant les dernières années de sa vie. M. de Vigny qui ne la quitta jamais, veilla à son chevet avec le dévouement et l'abnégation la plus complète.

(1) Eugène de Mirecourt.

2

Le vieux comte de Vigny était mort en 1817 à
l'âge de 74 ans. « Rends ta mère heureuse, » avait-il
dit à son fils en expirant. Il n'oublia pas ce vœu du
mourant. Dès qu'il le put, il la prit avec lui et ne
s'en sépara jamais. Une mystérieuse sympathie
l'unissait à cette mère à l'âme grave et pensive.
Quand elle était malade, il la soignait avec l'amour
du fils le plus tendre et l'attention délicate d'une sœur
de charité ; il prenait ses repas chez elle pour ne pas
la laisser seule, lui faisait de longues lectures pour
la distraire un peu du mal qui la dévorait. Elle
s'éteignit dans ses bras après une agonie qui avait
duré plus de quatre ans.

« Derniers moments ! Agonie ! Derniers moments,
vous ne sortirez jamais de ma mémoire. Je veux
plonger cette nuit dans mes plus cruels souvenirs.
Si j'ai fait quelque faute, que ce soit mon expiation.
J'y trouve un amer bonheur et je veux ainsi me
flageller. Je serai cruel, cruel à moi-même, mon
Dieu ! cruel et sans pitié : dût mon cœur se fendre
et me faire mourir (1) ! »

Une pareille douleur n'a pas besoin de commen-
taires et nous montre dans toute sa beauté cette âme
de poète.

Avant de parler de son œuvre, il n'a pas été
inutile de montrer un peu sa vie, car l'une n'est
guère que la reproduction et la contre-épreuve de

(1) *Journal d'un poète.*

l'autre. C'est même à cette intime relation qu'il
doit cet accent de vérité et ce charme indéfinissable
qui le classent à part parmi les grands noms littéraires du XIXe siècle.

Les premières poésies d'Alfred de Vigny parurent sans nom d'auteur, en 1822.

Les pièces les plus remarquables de ce recueil
étaient *Héléna*, le *Somnambule*, la *Fille de
Jephté*, le *Bal*, la *Femme adultère*.

Héléna surtout paraissait à une heure favorable.
La cause de la liberté hellénique avait réuni toutes
les sympathies, fait tressaillir tous les cœurs.
Béranger et Casimir Delavigne avaient donné le
signal de l'enthousiasme. Chateaubriand avait fait
entendre sa grande voix au congrès de Vérone, et
lord Byron devait, l'année suivante, trouver la
mort dans cette patrie des immortels souvenirs,
au salut de laquelle il s'était si héroïquement dé-
voué.

Le sujet d'*Héléna* est des plus simples : une
jeune fille, violée par des soldats turcs, préfère se
donner la mort que de présenter des lèvres flétries
aux baisers de Mora, son amant. Mais son âme
purifiée par le sacrifice lui apparaît dans un songe,
et ce dernier s'écrie :

Va, j'aime mieux ta cendre encor qu'un tel bonheur.

Ce poëme, d'une conception si gracieuse, péchait par la timidité et l'inexpérience de l'exécution. La mère de l'auteur lui en signala les défauts, et il accepta cette critique avec une telle déférence qu'il supprima le poëme tout entier dans l'édition de ses œuvres complètes..

Quant au reste du recueil, l'inspiration de la Bible et d'Homère s'y faisait sentir presque à chaque vers. La forme, qui ne le préoccupa jamais exclusivement, était déjà arrivée à un degré de perfection remarquable. Quelque chose de rare, d'élégant, et, il faut bien le dire, d'un peu tiède, caractérisait ces premières poésies ; mais le souffle romantique était encore contenu par un peu de scrupule classique.

> Déjà, mon jeune époux ? Quoi ! l'aube paraît-elle ?
> Non ; la lumière, au fond de l'albâtre, étincelle,
> Blanche et pure, et suspend son jour mystérieux ;
> La nuit règne, profonde et noire, dans les cieux.
> Vois, le clepsydre encor n'a pas marqué trois heures ;
> Dors près de ta Néra, sous nos chastes demeures.

On peut voir, par cette citation, avec quel soin exquis il procède au choix de ses images, avec quelle élégance et quelle pureté il cisèle ses vers ; mais il n'était pas encore parvenu à cette élévation et à cette profondeur dans l'idée qui devait faire de lui le poète philosophique par excellence.

Ce premier volume eut peu de succès, et ne fut lu que dans les salons et les cercles littéraires par les amis de l'auteur ; il ne se rebuta pas et, l'année suivante, il donna le *Trappiste*, petit poème animé d'une foi royaliste qui devait singulièrement s'attiédir dans les dernières années de sa vie.

Il publia *Eloa* en 1824.

C'est de cette œuvre que commence à se dégager la pensée ou plutôt lè sentiment qui devait, dans la suite, faire vibrer avec plus de mélodie la lyre du poète et briller d'un doux éclat dans la vie de l'homme.

Eloa est l'ange de la pitié né d'une larme de Jésus ; les cieux la reçoivent avec amour , les archanges font entendre à sa venue des hymnes d'allégresse.

> Heureux, chantaient alors des voix incomparables,
> Heureux, le monde offert a ses pas secourables !

Mais bientôt *Eloa* devient rêveuse et cherche la solitude ; ses sœurs lui ont dit qu'un ange, autrefois le plus beau de tous, gémissait loin des cieux ; elle se sent prise tout à coup d'un irrésistible désir de consoler l'exilé. Bientôt, n'y tenant plus , emportée par la pitié, *Eloa* ouvre ses ailes et s'élance à travers le chaos, à la recherche du déshérité.

> Ainsi dans les forêts de la Louisiane ,
> Bercé sous les bambous et la longue liane,
> Ayant rompu l'œuf d'or par le soleil mûri,
> Sort de son lit de fleur l'éclatant colibri.

La forme céleste de Lucifer apparaît vaguement éclairée par une lueur douteuse, comme ces formes

2*

aériennes qui se montrent, dans les solitudes de Morven, au hardi chasseur qui contemple l'arc-en-ciel.

Eloa entend la douce voix du séducteur qui se plaint de l'injustice de Dieu ; mais elle résiste encore, elle essaie de remonter vers les cieux. C'est en vain ; un regard fascinateur l'entraîne toujours plus bas. D'une voix plus douce, l'ange déchu commence à murmurer un sublime langage d'amour et de volupté que la vierge n'avait jamais entendu. Son cœur se trouble, sa joue se colore d'une craintive rougeur. La pudeur lutte encore dans son âme enivrée ; mais, hélas! la pudeur n'est déjà plus l'innocence. Ce chant rappelle le sublime duo de Mozart, dans le premier acte de *Don Juan* : le poète et le musicien ont admirablement traduit cette pudique résistance qui irrite les désirs et donne au plaisir une étrange saveur d'âcreté; les tendres sollicitations du séducteur voilant de fleurs le gouffre où il veut entraîner sa victime, faisant taire avec des paroles d'amour les cris de la conscience et les révoltes de la pudeur.

Eloa ne résiste plus et, se rapprochant de Lucifer, lui dit avec l'accent de l'innocence :

Mais pourquoi vos discours m'inspirent-ils la crainte?
Pourquoi sur votre front tant de douleur empreinte?
Comment avez-vous pu descendre du saint lieu?
Et comment m'aimez-vous, si vous n'aimez pas Dieu?

Le maudit est vaincu à son tour; l'épouvante et

le remords envahissent son âme. Le poète le compare à l'aigle des Asturies qui, blessé par l'Espagnol,

> Monte aussi vite au ciel que l'éclair en descend,
> Regarde son soleil, d'un bec ouvert l'aspire,
> Croit reprendre la vie au flamboyant empire;
> Dans un fluide d'or il nage puissamment.

Ne croirait-on pas, en lisant ce dernier vers, voir planer dans les nues le royal oiseau battant les airs de son aile blessée? Quelles images grandioses! Quelles belles comparaisons! Quelle magnifique poésie!

Mais bientôt l'ange déchu, qui allait peut-être se repentir si *Eloa* avait su profiter de cet instant de faiblesse, se remet de son trouble et compose ses traits. Il feint une immense douleur, verse des larmes, éclate en sanglots. C'en est fait, le dernier coup est porté. Saisie de pitié, la vierge se livre au séducteur. La femme se cache sous les ailes de l'archange : il n'y a qu'elle qui ait assez de tendresse et d'abnégation pour dire à l'infernal amant qui l'entraîne dans sa chute :

> Seras-tu plus heureux, du moins, es-tu content?
> Plus triste que jamais. Qui donc es-tu? — Satan.

Le poète attend pour prononcer ce nom que la nature perverse de l'ange déchu se soit entièrement révélée.

La poésie française au XIXᵉ siècle n'a peut-être rien produit de plus parfait. Cette œuvre, grandement et puissamment conçue, était écrite avec une pureté, une élégance, une limpidité, une richesse de tons et d'images qui ne le cèdent en rien aux plus belles inspirations de Lamartine et de Victor Hugo. Ce n'était pas la douloureuse ironie de Child-Harold, ou la sombre mélancolie de René. C'était une hymne d'amour et de pitié qui se faisait entendre comme une voix amie. L'auteur avait trouvé sa vraie manière ; il s'était dégagé de l'esprit d'imitation, son génie planait d'un vol libre et solitaire dans le monde de la pensée, son originalité s'était affirmée ; elle consistait à revêtir d'un voile poétique richement tissu les idées philosophiques les plus austères et les plus élevées. Aussi, faut-il avant tout, quand on analyse l'œuvre d'Alfred de Vigny, dégager le sens moral et l'arrière-pensée intime et génératrice qui se cache sous les fictions de la muse. La femme ne vit que d'amour et se perd par la pitié ; voilà, en dernière analyse, ce qu'il faut voir dans le poème d'*Eloa* ; le reste n'est pour ainsi dire que l'accompagnement de cette note fondamentale.

Les *Poèmes antiques et modernes* parurent deux ans après, en 1826. Ce volume renfermait *Moïse*, *Dolorida*, *le Déluge*. Toutes les poésies portant une date antérieure à 1829 : *le Cor, la Neige, la duchesse de Soubise, la frégate la Sérieuse*, furent réunies dans l'édition Gosselin. Enfin, deux pièces nouvelles, *les Amants de Montmorency* et

Paris ou élévation, furent ajoutées au reste, dans l'édition de 1837.

Dans *Moïse*, le poète exprimait avec l'accent d'une haute tristesse la plainte du génie qui fléchit sous le poids de la grandeur et de la puissance, parce qu'elles l'isolent dans la vie et le sèvrent des joies humaines. Il a marché seul dans cette route où n'ont pu le suivre ses frères; et, arrivé au sommet, ne voyant autour de lui que des plateaux déserts et des pics désolés, il s'effraye de son isolement et regrette le bonheur que lui ont ravi la puissance et la gloire. Il redemande avec désespoir l'amour et l'amitié dont les labeurs de la pensée l'ont empêché de jouir.

> Vous m'avez fait vieillir puissant et solitaire,
> Laissez-moi m'endormir du sommeil de la terre.

C'est le cri désespéré du docteur Faust quand il s'aperçoit avec angoisse que la science ne lui a donné que des plaisirs factices, des félicités mensongères; il voudrait alors revivre de cette vie du cœur qu'il n'a pas connue, tremper ses lèvres dans cette coupe des voluptés humaines qui cependant cache au fond une si grande amertume. Si alors Don Juan était entré dans son laboratoire, il l'aurait dispensé de tenter l'épreuve que viendra lui proposer Méphistophélès, en lui disant que lui aussi il n'a pas trouvé le bonheur dans les jouissances terrestres, et qu'il n'a pu étancher dans l'amour cette ardente soif de l'idéal qui le dévore. Une illusion succède à une illusion dans le cœur de l'homme ; quand l'une se flétrit et s'envole au souffle de la réalité, une autre se reforme pour se faner encore, comme ces bulles de savon diaprées des couleurs de l'arc-en-ciel, et qui flottent un instant dans les airs pour s'évanouir aussitôt. Quel rayon n'a son ombre, quelle rose ses épines ? La vie se passe misérablement à la recherche du bonheur ; mais il n'est pas donné à l'homme de l'atteindre. Les éblouissements de l'amour, les enivrements de l'ambition, les jouissances intellectuelles fascinent tour-à-tour les regards du voyageur, comme des feux follets voltigeant capricieusement dans les ombres de la nuit et guidant vers des abîmes l'imprudent qui se fie à leurs fausses lueurs. L'absolu ne se rencontre qu'au-delà de la tombe ; il n'y a que Dieu qui puisse réaliser l'idéal qu'on entrevoit sur la terre.

Le Moïse d'Alfred de Vigny est un homme tout moderne ; c'est bien un enfant de ce siècle de tristesse et de doute, aux désabusements précoces, aux tentatives infructueuses.

L'inspiration biblique n'a fourni qu'un cadre magnifique à la pensée du poète ; la même remarque peut s'appliquer au poème du *Déluge,* dans lequel il montre avec une incomparable grandeur l'amour brûlant d'une flamme immortelle au milieu des bouleversements de la nature. Emmanuel et

Sara, sur le mont Arar, préfèrent la mort à la séparation et semblent plus forts dans leur faiblesse et leur amour que les formidables éléments qui les entourent.

Dolorida est moins élevée comme conception que les poèmes dont nous venons de parler, mais ne leur est pas inférieure sous le rapport de l'exécution. Il y a peut-être plus d'art que de réelle inspiration dans ce drame intime. Il en est de même de *Madame de Soubise,* dont le sujet voulait moins de légèreté dans la touche, plus de vivacité dans le récit, plus de pittoresque dans les images, plus de fougue dans le dialogue. Le moyen-âge et le XVIᵉ siècle étaient du domaine de Victor Hugo, de Théophile Gauthier, de Mérimée, tous les trois plus ou moins amoureux de la forme et de la couleur. Alfred de Vigny ne procédait pas de Rubens ou de Théniers, mais de Raphaël, « Si j'étais peintre, je voudrais être un Raphaël noir, » dit-il quelque part. Trop idéaliste pour aimer la vigueur de la forme et la puissance du coloris, il vise surtout à la pureté de la ligne, à la suavité et à la légéreté du contour. Il ne cherche pas à poétiser les réalités de la vie, mais à traduire en vers harmonieux les abstractions de la pensée. S'il n'avait pas été poète, il aurait été philosophe.

Cinq-Mars parut en 1826. Ce livre avait été longuement et sérieusement médité. Comme nous l'avons déjà vu, Alfred de Vigny avait beaucoup

aimé l'histoire pendant sa première jeunesse, et il
avait toujours trouvé du charme à tourner ses
regards de poète vers ce passé qui, non moins que
l'avenir, évoque de brillantes et mensongères illu-
sions. La lecture des romans de Walter Scott ne
fut pas étrangère à la conception de *Cinq-Mars*.
Mais, au lieu de reléguer au second plan les personnages historiques, il crut devoir les mettre sur
le devant de la scène et en faire les héros de son
roman. L'idée était originale, mais sa réalisation
offrait plus d'un péril. De deux choses l'une : ou
il fallait rester scrupuleusement fidèle à la vérité
historique, et, dans ce cas, s'exposer à ne pas
être intéressant ; ou bien introduire la fiction dans
le domaine de la réalité, et alors risquer de tra-
vestir les caractères et de fausser les données de
l'histoire. C'est contre ce dernier écueil que vint
échouer M. de Vigny. Il y a, en effet, dans cette
œuvre quelque chose d'artificiel et de faux ; les
personnages ne sont presque que des abstractions,
absolument comme ceux qui viennent discourir
sous un portique dans les tragédies classiques.
Ainsi l'ambition est personnifiée dans Richelieu,
l'amitié dans de Thou, l'amour dans Cinq-Mars ;
quant au caractère de Louis XIII, il est un peu
plus complexe, et il était plus difficile de le réduire
à ses derniers éléments : spleenique, dissimulé,
irrésolu, résigné, d'une dévotion étroite, d'un
caractère faible, ne pouvant vivre sans favori ; mais

il était brave, et il manquait plutôt de volonté que d'intelligence. Il y a trop de logique dans cette œuvre; tous ces personnages n'agissent pas avec assez de spontanéité et de naturel. Le roman vit plutôt de réalités, de nuances, d'imprévu, de détails si l'on veut, que d'abstractions et de généralités.

Dans une préface brillamment écrite, l'auteur avait bien cherché à justifier ses théories et à prouver que l'on peut introduire la fiction dans le domaine de l'histoire « Je ne puis m'empêcher, dit-il, de jeter ici ces réflexions sur la liberté que doit avoir l'imagination d'enlacer dans ses nœuds formateurs toutes les figures principales d'un siècle, et pour donner plus d'ensemble à leurs actions, de faire céder parfois la réalité des faits à l'*idée* que chacun d'eux doit représenter aux yeux de la postérité; enfin sur la différence que je vois entre la vérité de l'art et le vrai du fait (1). » Cette vérité de l'art en tant qu'opposée à celle du fait n'est, au contraire, qu'une source d'erreurs; la fidélité la plus scrupuleuse aux données de l'histoire nous paraît être une des conditions essentielles du roman historique; il ne peut être vraiment utile qu'autant qu'elle y est observée. Tout, dans le passé, a son importance; le moindre fait porte avec lui son enseignement. Quand il évoque les générations qui

(1) *Réflexions sur la vérité dans l'art.*

3

nous ont précédé, le caprice de l'artiste doit être
contenu dans de certaines limites. L'imagination
ne doit que polir les angles, adoucir les teintes,
préciser les contours. Mais les poètes, en général,
sont inhabiles à de pareilles besognes, et parmi les
historiens, il y en a peu qui aient l'imagination
assez puissante pour l'accomplir. Augustin Thierry
et Michelet (1) sont peut-être les seuls qui aient
été doués de ce don de *seconde vue* au moyen du-
quel on ressuscite le passé.

Si la vraisemblance et l'intérêt manquent à cette
œuvre, les détails en sont d'une grande beauté :
le supplice d'Urbain Grandier, le duel du bastion,
la lecture du *Paradis perdu* chez Marion Delorme,
l'orage pyrénéen (2) et la scène de la folle, sont
autant d'admirables tableaux tracés de main de
maître, pleins de charme et de vérité : les sombres
couleurs et les tons énergiques des batailles de
Salvator Rosa s'y mêlent aux nuances fugitives,
aux mélancoliques reflets des paysages de Ruys-
daël.

Le style, parfois éloquent, plein de pureté et
d'élégance, de netteté et de finesse, n'a pas encore
cette allure rapide, cette forme savamment ciselée
qu'il atteindra dans le drame de *Chatterton*.

(1) Chateaubriand.

(2) Il en avait été témoin avec M. Pauthier pendant
qu'il était en garnison à Oloron.

On a souvent reproché à l'auteur d'avoir chargé le caractère de Richelieu et presque calomnié sa mémoire. En admettant que M. de Vigny n'ait pas dit la vérité ou du moins qu'il l'ait systématiquement exagérée, ce dont on peut douter, car l'histoire nous présente du ministre de Louis XIII un aussi sombre portrait que celui qui est tracé dans *Cinq-Mars,* il ne faut pas oublier que M. de Vigny était gentilhomme, et qu'il avait chanté la pitié dans *Eloa.* Il a voulu venger les nobles victimes immolées à la cruelle ambition du cardinal. Le sang versé produit toujours une abondante rosée de larmes, et c'est au poète qu'est réservée la noble mission de pleurer sur les morts et de faire retentir l'anathème, quand la hache du bourreau a accompli son inique mission. Il n'a pas plus de pitié pour les bouchers de la Convention, et il imprime également le sceau de l'infamie sur le front de ces hommes qui firent tomber, sous le couteau de la guillotine, les têtes de Louis XVI et d'André Chénier, de Malheserbes et de Lavoisier. Ce cœur de poète, pétri de mansuétude et d'amour, ressentait une indicible compassion pour la créature qui souffre. En présence des corps mutilés, des âmes torturées, il avait les mêmes paroles de réprobation pour le fanatisme religieux, monarchique ou populaire, les mêmes flétrissures pour la Saint-Barthélemy, les dragonnades et les massacres de septembre. « Je crois fermement, dit-il par la bouche de *Stello,* à

une vocation ineffable qui m'est donnée, et j'y crois
à cause de la pitié sans bornes que m'inspirent les
hommes, mes compagnons en misère, et aussi à
cause du désir que je me sens de leur tendre la
main et de les élever sans cesse par des paroles
de commisération et d'amour. »

Le poëte qui a écrit et pensé ces nobles paroles
ne pouvait aimer la mémoire de Richelieu. Au surplus, l'histoire n'a pas dit son dernier mot sur cet
homme, et du milieu du concert de louanges adres-
sées à son génie se font entendre quelques voix accu-
satrices qui proclament que le sang versé ne produit
que de stériles moissons et que les échafauds étayent
mal les monarchies et les républiques. Si Richelieu
a eu pour but de fortifier le pouvoir royal et de l'as-
seoir sur des bases inébranlables, il n'a réussi qu'à
préparer sa chute en faisant tomber les têtes de ses
meilleurs défenseurs et en détruisant la puissance
des parlements, qui formaient avec la noblesse les
meilleures assises de la monarchie. En réalité, sa
politique n'a abouti qu'à mettre aux prises le roi et
le peuple ; elle a donc atteint un résultat diamétra-
lement opposé au seul qu'elle ait pu se proposer.
On ne peut cependant méconnaître son génie, et deux
grands faits restent acquis à sa gloire : il a réduit
les calvinistes à ne plus former dans l'Etat un parti
politique et il a détruit la prépondérance de la maison d'Autriche. Mais l'impartiale histoire doit ajouter
qu'il fut avare, hypocrite, profondément égoïste et

froidement cruel. Pour arriver à l'accomplissement
de ses desseins, il ne recula devant aucun crime, il
versa le sang innocent (1), il corrompit la justice, il
démoralisa les consciences en encourageant l'assas-
sinat, l'espionnage et la délation. La raison d'Etat
ne peut rien justifier. « Mieux vaudrait la fin d'une
« dynastie et d'une forme de gouvernement, mieux
« vaudrait même celle d'une nation, car tout cela
« se remplace et peut renaître, que la mort de toute
« vertu parmi les hommes (2). » Etait-il même
désintéressé? Une ambition toute personnelle ne se
cachait-elle pas sous ses vastes projets? Richelieu
se rattache avec César, Napoléon et bien d'autres
à l'école de Machiavel. La postérité commence à
revenir étrangement de son admiration pour ces
sombres politiques qui croient faire excuser l'immoralité des moyens par la grandeur du but, par
l'importance des résultats; pour ces génies du vieux
monde latin, qui trouvent plus commode de briser
les individualités, de supprimer les existences,
d'imposer aux peuples des civilisations factices et
mensongères, que d'augmenter le bien-être des
masses, que de moraliser les hommes par la religion, la science et la liberté, que de guider les
nations vers le progrès et de résoudre avec patience

(1) On n'a jamais pu justifier les supplices d'Urbain
Grandier, de de Thou, de Marillac.

(2) Notes de *Cinq-Mars*.

l'énigme du problème social. La gloire des Wa-
shington, des Franklin, des Vauban, des Catinat,
des Fénelon, brille aux yeux de la postérité d'une
flamme plus modeste, il est vrai, mais plus pure
et plus honnête.

Louis XIII et Richelieu nous apparaissent dans
le roman à peu près tels que nous les voyons dans
l'histoire, mais il n'y a pas assez de ressemblance
et de réalité dans le caractère de Cinq-Mars. C'est
une création trop idéale et trop abstraite; on sent
trop le parti pris d'intéresser le lecteur à cette
charmante victime et d'excuser par la passion ce
qu'il y eut de criminel dans son entreprise, le traité
avec l'Espagne. Les amours du grand écuyer et de
Marie de Mantoue sont froids et languissants et
n'excitent qu'un médiocre intérêt.

Le caractère le mieux compris est celui de de
Thou; chaque fois que M. de Vigny met en scène
l'héroïque et vertueux ami du conspirateur, il tombe
de sa plume de sublimes accents, des mots touchants
et vrais qui vont au cœur; la note n'est plus forcée;
on comprend que l'auteur est dans son élément en
dessinant les traits de cette noble physionomie sur
laquelle brille le modeste et doux éclat de la plus
belle des vertus, le dévouement à l'amitié. « La
beauté du sacrifice de soi-même à une généreuse
pensée. » Telle est l'idée qui domine ce livre, avant
tout sortie de la plume d'un galant homme, dans la
haute acception de ce mot. Après l'avoir lu, tout

honnête homme doit penser qu'il est préférable pour l'honneur de l'humanité que de Thou ait accompagné son ami sur l'échafaud de la place des Terreaux, que de l'avoir trahi en livrant à Richelieu le secret du traité avec l'Espagne.

Malgré ses défauts, *Cinq-Mars* n'en reste pas moins un de nos meilleurs romans historiques et constitue, avec *Notre-Dame-de-Paris* et les *Chroniques* de Mérimée, notre seule richesse en fait d'œuvres de ce genre. Les productions d'Alexandre Dumas et de ses imitateurs ne doivent pas leur être comparées. Les romans de Walter-Scott, les études historiques de Chateaubriand, les récits mérovingiens d'Augustin Thierry avaient mis l'histoire à la mode et tourné tous les esprits vers un passé vénérable et poétique, qui devint dès lors une mine inépuisable ouverte à la littérature. *Cinq-Mars*, qui en est aujourd'hui à sa treizième édition, paraissait donc à propos et fut favorablement accueilli. Des traductions dans toutes les langues allèrent porter le nom de l'auteur aux quatre coins de l'Europe. Il eut surtout de la vogue dans le monde aristocratique dont il flattait un peu les passions et les préjugés. Ce livre, qui n'est certes pas le meilleur qui soit sorti de la plume d'Alfred de Vigny, est celui qui a eu le plus de succès, comme il l'avait prévu. Que de personnes ont lu *Cinq-Mars* et n'ont jamais jeté les yeux sur *Éloa* et *Stello*, ses œuvres de prédilection, dans lesquelles son génie éclate dans toute sa plénitude, mais qui ne s'adressaient pas à la masse du public. « J'ai donné *Cinq-Mars* pour faire lire mes vers, dit-il quelque part. » Fol espoir ! Le roman fut lu, il est vrai, mais les esprits délicats furent les seuls qui comprirent les poèmes antiques et modernes.

J'étais dernièrement avec un de mes amis dans un château du midi de la France ; une nombreuse et aristocratique société s'était ce jour-là donné rendez-vous dans la féodale demeure. Après le dîner, nous causions au salon; *Cinq-Mars* se trouvait par hasard sur une table. Une jeune dame, qui se piquait de littérature, dit tout à coup avec enthousiasme après en avoir feuilleté quelques pages : « Quel beau livre ! j'ai versé bien des larmes en le lisant ! Il est vraiment fâcheux que M. de Vigny ait fait autre chose que des romans. Pourquoi s'est-il mêlé de faire des vers.

« — Mais, Madame, ses vers sont pourtant très-beaux, au dire des connaisseurs, objecta mon ami presque indigné.

« — Ma foi, je ne les ai pas lus. Si, pourtant. Etant encore au couvent, j'en ai appris par cœur. — Attendez, je crois même me les rappeler :

J'aime le son du cor, le soir au fond des bois,
Soit qu'il chante les pleurs de la biche aux abois,
Ou l'adieu du chasseur que l'écho faible accueille,
Et que le vent du nord porte de feuille en feuille. »

Elle déclama encore deux ou trois strophes du délicieux et champêtre poème du *Cor.*

« — Eh bien! Madame, ajouta son interlocuteur, que dites-vous de ceux-la? Lamartine et Victor Hugo n'ont jamais mieux fait. Vous me permettrez de vous dire que *Cinq-Mars* ne vous donne qu'une idée bien incomplète du génie d'Alfred de Vigny, car c'est celle de ses œuvres où il s'est le moins révélé. »

Il nomma *Stello;* pas plus qu'*Eloa*, personne ne l'avait lu.

Alfred de Vigny ne pouvait être compris que du petit nombre; sa muse ne s'accommodait pas d'une trop grande publicité et chérissait ces demi-jours mystérieux, ces asiles discrets, ces douces retraites pleines d'ombre, de parfums et d'harmonies. Il comprit de bonne heure qu'il était l'homme des solitudes et il s'y retira bientôt pour ne plus en sortir. Mais à l'heure où nous sommes, le désenchantement n'était pas encore venu. Il suivait avec activité le mouvement littéraire et fréquentait assiduement les salons et les cercles; il y rencontrait souvent les jeunes célébrités. On était alors à la première période du romantisme. Lamartine avait donné ses *Médita-tions,* Victor Hugo ses *Odes* et *Ballades,* Alexandre Dumas battait en brèche, sur la scène, les théories dramatiques du XVIIᵉ siècle, l'étoile d'Alfred de Musset scintillait déjà à l'horizon poétique. L'auteur de *Cinq-Mars* applaudissait à ces tentatives

3*

hardies qui devaient renouveler notre littérature
appauvrie. Le XVIIIᵉ siècle nous avait transmis
une langue admirablement claire, mais sèche et
incolore, bonne pour l'abstraction et l'analyse philosophique, mais qui ne pouvait suffire à la synthèse
poétique et historique du XIXᵉ siècle. La nouvelle
école eut le mérite de rajeunir la langue en la retrem-
pant dans ses origines ; elle alla chercher dans Rabe-
lais, Ronsard et la Pléiade, ces poétiques et naïves
expressions toutes gauloises que les puristes avaient
bannies. La littérature devait changer comme la
société elle-même dont elle n'est que l'expression,
et il était impossible que l'art, sous toutes ses formes, dans toutes ses manifestations, ne subît pas le
contre-coup d'une révolution qui avait pénétré de
son esprit les lois et les mœurs.

De nouvelles aspirations, de nouveaux besoins
préoccupaient le XIXᵉ siècle ; d'autres idées avaient
surgi dans le monde intellectuel ; des sources d'inspirations poétiques, jusqu'alors inexplorées, avaient
été découvertes par Rousseau et Bernardin de Saint-
Pierre, Chateaubriand et Madame de Staël. La
renaissance du XVIᵉ siècle s'était inspirée de l'an-
tiquité ; la contemplation de la nature, le sentiment
religieux, l'amour et l'étude du passé, les rêveries
et les vagues tristesses de l'âme, furent les éléments
divers qui concoururent à la rénovation littéraire
du XIXᵉ. Mais le romantisme faillit être étouffé à
son berceau. Les classiques jetèrent les hauts cris

et défendirent énergiquement les vieilles traditions. Du terrain de la presse périodique, la lutte, devenue plus ardente, passa au théâtre avec *Hernani, Henri III* et *Othello,* qui fut représenté à la Comédie française le 24 octobre 1829.

Shakspeare, dans la personne de M. de Vigny, eut un demi-succès, un succès d'estime comme on dit aujourd'hui, mais qui ne fut pas obtenu sans combat. Etienne, Andrieux, Ducis, Népomucène Lemercier, défendirent avec une terreur vraiment comique les trois unités compromises et mirent tout en œuvre pour faire tomber la pièce. Le parterre jeta les hauts cris quand il entendit Othello réclamer à Desdemona le mouchoir que lui avait dérobé l'infâme Yago, et siffla avec fureur en voyant le jaloux étouffer sa malheureuse femme sous l'oreiller conjugal. On n'était pas encore accoutumé aux audaces du théâtre moderne et l'on trouvait choquant d'appeler les choses par leur nom. Le bon Ducis voulant désigner certaines personnes dont les traitements sont inscrits aux fonds secrets, disait pompeusement :

Ces mortels dont l'Etat gage la vigilance.

C'était poli, j'en conviens, mais aujourd'hui au théâtre on trouverait ridicule cette façon de parler. L'école romantique s'est tout simplement servie du mot *espion* ce qui est de meilleur goût ; les réalistes vont même de nos jours jusqu'à les appeler *mouchards*, locution brutale mais qui rend bien la pensée, énergique et flétrissante épithète qui n'est malheureusement pas de bonne compagnie. De nos jours le public n'est pas si pudibond qu'en 1829, et ne trouverait rien d'étrange à ce mouchoir de Desdemona, qui causa alors une véritable émeute littéraire, sanglante escarmouche qui précéda la grande bataille d'*Hernani*. Les deux partis échangèrent même des quolibets et des injures gracieusement assaisonnées de coups de poing et de projectiles. Quelques *vieux crânes* allèrent jusqu'à écrire à Mlle Mars et au baron Taylor certains petits billets ainsi conçus : « Vous êtes absurdes, prenez garde ! Et dites à M. de Vigny de retirer sa pièce, ou il pourra lui en cuire, et à vous aussi. » (1)

Le public français ne goûtera jamais *Shakspeare*; trop frivole, trop délicat, trop amoureux de l'esprit, il lui manquera toujours, pour apprécier ces immortelles créations, l'intensité, la profondeur, l'imagination vaporeuse et maladive du caractère anglais. *Hamlet* et *Ophélie*, *Macbeth* et le *Roi Lear* ne devraient jamais quitter les brumes de la Tamise ; l'atmosphère parisienne ne leur va nullement ; ils y étouffent, languissent et meurent, comme des plantes brusquement arrachées au sol qui les a nourries et transportées sous un ciel étranger.

(1) Archives du Théâtre-Français.

Alfred de Vigny avait préféré donner au théâtre sa belle traduction d'*Othello* qu'une œuvre de son crû ; car il pensait qu'au point de vue de la révolution dramatique qui se préparait, il valait mieux attirer l'attention du public sur l'exécution et le système scénique, et par conséquent le distraire de l'action en lui mettant sous les yeux une œuvre déjà connue. Quoi qu'il en soit, *Othello* prépara la voie à *Hernani* et à *Marion Delorme*. Alfred de Vigny a l'incontestable mérite d'avoir ouvert au théâtre une ère nouvelle, de laquelle datent d'incomparables chefs-d'œuvre.

C'est à cette époque qu'il se lia avec Lamartine ; il fréquentait aussi Victor Hugo, Balzac, Sainte-Beuve et Alexandre Dumas. Une nuit qu'il soupait chez ce dernier avec quelques littérateurs, tous champions de la nouvelle école, il fut prié par son joyeux amphytrion, qui n'en pouvait mais, de revoir quelques mauvais vers de sa *Christine* qu'on jouai le lendemain. La besogne pressait ; Alfred de Vigny s'exécuta de bonne grâce et prit le manuscrit ; il se retira ensuite dans un cabinet voisin avec Victor Hugo. Malgré la bruyante gaîté des convives dont l'écho leur arrivait à travers la cloison, ils passèrent le reste de la nuit à retrancher les malencontreuses tirades.

Il avait aussi traduit pour la scène *Shylock, ou le marchand de Venise*, mais quelques obstacles en retardèrent la représentation. La révolution de

Juillet arriva sur ces entrefaites, et la pièce ne fut jamais jouée. « Le bruit du canon étouffa celui de nos feux d'artifice, dit l'auteur d'*Eloa*, ainsi que la mode de ces poétiques controverses sur une nuance dramatique. »

Les graves événements dont Paris fut le théâtre pendant les trois fatales journées, en arrachant le poète à ses préoccupations littéraires, en interrompant l'austère penseur dans ses méditations, rappelèrent à l'ex-capitaine du 55e de ligne qu'il était gentilhomme.

Il tira de l'armoire son vieil uniforme, son épée et ses épaulettes, et se disposa à reprendre sa vie de soldat, si le roi faisait appel aux anciens officiers de la garde. La seule idée d'abandonner sa mère et sa femme lui déchirait le cœur; en outre, sa raison lui disait vaguement que la monarchie n'était pas la forme sociale de l'avenir, mais la voix de l'honneur lui criait impérieusement qu'au moment du danger il ne devait pas abandonner ces rois qu'il avait servis pendant quatorze ans et que son vieux père lui avait appris à aimer : lutte intérieure plus commune qu'on ne croit, source de poignantes amertumes et d'atroces douleurs qui marquent d'une empreinte fatale la vie de bien des hommes de notre temps! La monarchie, débordée en trois jours par le flot populaire, n'eut même pas le temps d'appeler ses serviteurs à son aide et ne voulut pas prolonger une résistance qui aurait fait inutilement couler un

sang précieux et causé d'irréparables malheurs.
En entendant le pétillement de la mousquetterie,
dominé de temps à autre par le bruit sourd du
canon, l'ancien officier de la garde pensait avec
angoisse à ses pauvres camarades, abandonnés sans
ordres et sans pain par le maréchal Marmont,
traqués comme des bêtes fauves dans les rues de
Paris, et malgré cela accomplissant des prodiges de
dévouement et d'héroïsme. Il versa plus d'une larme
sur ces martyrs obscurs de la discipline et de l'honneur, dont on ne sait jamais les noms, comme s'ils
ne méritaient pas autant de pitié et d'admiration
que les autres combattants. Il se mit à la fenêtre
pour voir si quelque blessé ne venait pas lui demander asile, et faillit être tué par une décharge qui
vint briser la corniche.

Alfred de Vigny regretta les Bourbons, autant
du moins que pouvait le lui permettre un cœur que
réclamaient d'autres souffrances plus intimes et plus
personnelles, une âme assez désintéressée des choses politiques et emportée dans les hautes régions
de la pensée. Pourtant, la tournure aristocratique
de son esprit et ses goûts de gentilhomme se se-
raient accommodés de la Restauration, pourvu
qu'elle ait réussi à concilier les traditions du passé
avec les nécessités du présent et les éventualités de
l'avenir. Lié depuis quelque temps avec Buchez et
quelques autres libéraux, et quoiqu'il ne partageât
pas entièrement leurs idées, il croyait avec eux

qu'une république était préférable aux d'Orléans.
Il pressentait que ce régime bâtard n'était qu'un
compromis insuffisant loin d'être une solution défi-
nitive du problème politique, lequel était au surplus
la moindre de ses préoccupations.

Mais le danger des émeutes n'était pas passé et
l'ordre n'était pas encore rétabli dans Paris : aussi
se laissa-t-il inscrire dans le cadre des officiers de
la garde nationale avec le grade de capitaine. Il
organisa en dix jours la deuxième compagnie du
quatrième bataillon de la première légion; le 29
août 1830, à une revue du Champ-de-Mars, pas-
sée par Louis-Philippe, il fit manœuvrer les épiciers
de son quartier avec une précision toute militaire.
Le prince ôta son chapeau et lui dit : « Monsieur
de Vigny, je suis bien aise de vous voir et de vous
voir là. Votre bataillon est très-beau, dites-le à
ces Messieurs de ma part, puisque je ne peux pas
le faire moi-même. » « Je l'ai trouvé très-beau et
ressemblant à Louis XIV, ajoute le poète, à peu
près comme Mme de Sévigné trouvait Louis XIV
le plus grand roi du monde, après avoir dansé avec
lui (1). »

Une amertume ironique se cache sous cette plai-
santerie; désormais Alfred de Vigny ne permit plus
aux choses de la politique de préoccuper sa pensée;
il vit avec indifférence la république succéder à la

(1) *Journal d'un poète.*

monarchie de juillet, et l'empire se substituer à la république ; et toutes ces catastrophes ne purent l'arracher à ses paisibles mais douloureuses rêveries (1).

Une nuit qu'il était de ronde, il rencontra au corps-de-garde le vieux Népomucène Lemercier, l'ennemi juré des romantiques ; en présence du jeune auteur d'*Othello* il garda un sombre silence, s'attendant à quelque sanglante raillerie ; mais quelle ne fut pas sa surprise lorsqu'il entendit M. de Vigny lui parler de ses œuvres avec une sincère admiration. Le vieillard ne put retenir ses larmes et s'écria en serrant avec attendrissement les mains de son généreux interlocuteur : « Je ne suis donc pas encore tout à fait oublié »

Alfred de Vigny reprit bientôt ses travaux littéraires et, le 25 juin 1831, donna la *Maréchale d'Ancre* au théâtre de l'Odéon. Ce drame méritait mieux que le demi succès qu'il obtint, quoique la falsification historique s'y rencontre comme dans *Cinq-Mars*. La pièce était puissamment conçue ; l'intérêt et les situations dramatiques n'y manquaient pas. L'arrestation du prince de Condé, l'entrevue de Concini et d'Isabella, le procès de Léonora Galigaï, le duel de Borgia et du maréchal

(1) « Je ne sais pas faire ces choses-là, » répondait-il à un ministre indiscret qui lui proposait de faire une cantate à l'occasion de la naissance du prince impérial.

d'Ancre sont de magnifiques tableaux, d'admirables scènes pleines de vigueur et de vérité. Les personnages sont loin d'être de *pures entités;* les muscles et le sang ne leur font pas défaut : poussés par leur passion, ils vont et viennent, aiment ou haïssent, tuent et meurent avec beaucoup de naturel. L'influence de Shakspeare s'y trahit en maints endroits ; on y retrouve parfois sa touche vigoureuse, sa large et puissante peinture des hommes et de la vie. Dans ce drame, l'auteur a voulu montrer l'homme aux prises avec la destinée ; contre elle il lutte quelque temps avec une indomptable énergie, mais elle finit toujours par triompher dès que les forces qu'on lui opposait viennent à s'affaiblir, dès que les volontés ne combattent plus contre elle avec la même bravoure et la même patience.

Deux ans après, il fit jouer à l'Opéra, et au bénéfice de Madame d'Orval, une charmante comédie en un acte, *Quitte pour la Peur,* dans laquelle il conclut spirituellement en faveur de l'excuse de l'infidélité conjugale dans le cas assez fréquent où le mari en donne l'exemple à sa femme. Fidèle reflet des mœurs élégantes et frivoles du XVIIIe siècle, esquisse délicieuse finement nuancée, qui a toute la grâce et toute la délicatesse d'un pastel de Latour et fait penser aux charmants proverbes d'Alfred de Musset. En 1848, Rose Chéri pria l'auteur de lui donner cette pièce pour le Gymnase, où elle eut cinquante représentations. Elle fut alors interdite comme immorale par la censure républicaine ; le prétexte était mal fondé, il faut en convenir, car il est impossible de traiter plus chastement un sujet aussi scabreux.

Nous voici arrivés à l'œuvre capitale du poète, à celle qui donne la vraie mesure de son génie et dans laquelle a passé toute son âme. Un cœur douleureusement ému par le spectacle des misères humaines s'y trahit à chaque ligne. Tout est personnel et intime dans ce livre étrange et profond : les chants de la muse n'empêchent pas d'entendre palpiter le cœur de l'homme ; une navrante et douloureuse réalité se cache sous la fiction. Que d'amour et de pitié, de vérité et d'intuition ! Depuis longtemps il n'avait pas paru de livre d'une aussi grande portée, d'une science psycologique aussi profonde, en même temps que d'une morale aussi pure et aussi élevée. Alfred de Vigny analyse dans *Stello* la condition du poète dans la société moderne, indique quelle doit être son attitude vis à vis des gouvernements, et lui trace une ligne de conduite dont il ne doit jamais se départir s'il ne veut voir ses ailes brisées par la main brutale de la politique. Le mélancolique Stello, fatigué un jour de rêver et d'inventer, miné sourdement par ce mal de l'idéal et de l'infini qui ronge tout poète moderne, entraîné jusqu'au délire dans le terrible vertige de la pensée et de la méditation solitaire appelle l'action à grands cris, croyant y trouver un remède à ses tourments, veut s'élancer dans la vie extérieure, espérant échapper par là à ses poignantes rêveries. Le spirituel docteur Noir arrive fort à propos pour lui démontrer, avec une logique désespérante, la folie de ses désirs et pour l'arrêter au bord de l'abîme, s'il en est temps encore. Il lui montre Gilbert, à qui Louis XV refuse une aumône, mourant de faim sur un grabat; André Chénier, que Robespierre envoie à la guillotine; Chatterton, à qui le lord-maire propose une place de valet de chambre et qui, pour échapper à la misère et à la honte, boit une fiole de poison. Les trois ombres infortunées défilent lentement devant les yeux, drapées dans leur linceul, avec toute la grâce mélancolique, toute la morbidezza des types divins et purs de Raphaël. Malgré son apparente insensibilité, que de sympathie inspire l'humoristique docteur Noir! Que de trésors de tendresse, de dévouement et de pitié renferme ce cœur de bourru bienfaisant! Il est parfois aussi sentim ntal que son vaporeux interlocuteur et paraît atteint du même mal que celui qu'il veut guérir. Ces récits font couler une à une les larmes de Stello sur sa joue creuse et pâle, lui arrachent des cris de douleur et de sourdes imprécations. Mais pareil au flegmatique chirurgien que ne troublent pas les gémissements de la victime qu'il torture pour la sauver ensuite, le Docteur-Noir conclut avec un impitoyable bon sens que les royautés absolues, les républiques démo-

cratiques, les monarchies constitutionnelles crai-
gnent, haïssent, dédaignent le poète, c'est pourquoi il ne doit jamais abandonner ses sereines et
hautes régions pour se mêler aux luttes des intérêts
humains. Au surplus, les dogmes politiques ne
valent pas la peine que le poète se passionne pour
eux ; ils ne sont pas plus rigoureusement vrais les
uns que les autres et renferment tous une bonne dose
d'erreurs. Ils méritent de sa part la même indifférence et le même dédain. Sa mission est plus haute,
son royaume, comme celui du Christ, n'est pas de
ce monde. Qu'il vive dans la solitude pour y écouter
dans l'ombre et le recueillement les voix mystérieuses
de son cœur et les révélations infinies de la nature.
Qu'il n'entende que les gémissements de la brise
dans les forêts, l'incantation du rossignol enchan-
tant le silence des nuits d'été, le doux murmure
des ruisseaux à travers les prairies, les gronde-
ments de la foudre dans les gorges désolées ; mieux
que les discours des tribuns, les cris de la foule,
les orages des assemblées, ces harmonies feront
vibrer sa lyre, rêver son âme et palpiter son cœur.
Qu'il laisse ses frères se ruer aux combats de la vie ;
il doit rester sur la rive pour entonner l'hymne des
morts et panser les blessés. Les préoccupations du
dehors ne doivent pas pénétrer jusqu'à sa silencieuse
retraite, ouverte seulement aux saintes émotions de
l'âme, aux créations enchantées de l'imagination.
Les bruits du forum effarouchent la muse et les

froissements de la vie publique faussent d'ailleurs
la corde de la sensibilité, la plus précieuse de la
lyre poétique. La fonction du poëte doit avoir toute
l'austérité de l'apostolat : pour compenser les
labeurs de la pensée, qu'il ne compte même pas
sur la gloire que décernent les contemporains ; pendant sa vie son génie pourra être méconnu, et la
postérité seule tressera d'impérissables lauriers
autour de son urne cinéraire. Shakspeare et Milton
sont là pour l'attester. Mais avant tout, qu'il ne se
courbe pas devant les puissances du siècle : elles
essaieraient de le corrompre ou de l'écraser ; du
moins, elles l'insulteraient en le traitant d'inutile
rêveur. Je ne crois pas plus aux Mécènes qu'aux
Césars. L'indépendance absolue est une des conditions essentielles du génie poétique, et l'artiste
ne devrait se livrer à son inspiration qu'après avoir
tracé autour de lui un cercle infranchissable dans
lequel ne doivent jamais entrer la politique et l'esprit de parti. Notre siècle fournit d'illustres exem-
ples à l'appui du beau livre de *Stello*. Quel cœur
un peu amoureux de l'idéal n'a gémi en voyant
Lamartine dire dans une de ses préfaces que la
poésie n'était que l'occupation des heures de loisir,
et quitter les entretiens de la muse pour descendre
dans l'arène vulgaire de la politique. Il fut grand
citoyen et, dans un moment sublime, il sauva la
France de l'anarchie ; mais aussi de quel prix l'ont
payé les bourgeois ingrats dont il avait sauvegardé

les biens et les personnes au péril de sa propre vie? N'aurait-il pas mieux valu que le chantre de *René* ne fut jamais devenu l'ardent polémiste du *Conservateur* et des *Débats,* et même l'orateur applaudi du congrès de Vérone et de la Chambre des pairs ; la postérité ne se souviendra pas de la monarchie selon la Charte et de ses négociations diplomatiques, tandis qu'elle n'oubliera jamais *René* et *Atala.* Quand le poète préfère les fiévreuses agitations de la vie politique aux paisibles évolutions de la pensée, l'inspiration qui l'avait soutenu jusqu'alors s'enfuit à tire d'ailes et il épuise ses forces dans de mesquines ambitions , d'infertiles rivalités, de stériles labeurs. Toutes ces idées viennent à l'esprit en lisant ces pages délicieuses , pleines de raffinements, d'humoristiques coquetteries, où l'exquise élégance de la forme s'unit à la profondeur des vues et à la sûreté du jugement. Livre rare et charmant s'il en fut, d'une délicatesse infinie , d'une inimitable perfection, que tout poète devrait longuement méditer; diamant aux trois facettes, aux reflets sombres et chatoyants, ciselé avec amour et patience.

Alfred de Vigny avait écrit *Une deuxième consultation du docteur Noir*, dans laquelle il cherchait à établir d'abord que l'espérance était la plus grande des folies, ensuite que tous les crimes et tous les vices ne venant que de la faiblesse, ne méritaient que pitié.

Une troisième consultation devait rouler sur les hommes politiques, et une quatrième sur l'idée de l'amour « qui s'épuise à chercher l'éternité de la volupté et de l'émotion (1). »

Elles ne furent jamais terminées ; quant à la seconde, il ne voulut pas la publier, craignant qu'on n'y vît une justification du suicide. Tout en rendant un sincère hommage au scrupule délicat de M. de Vigny, nous ne pouvons nous empêcher de regretter les chefs-d'œuvre dont il nous a privés.

L'auteur de *Stello* fut surtout un profond penseur ; le problème de la destinée humaine le préoccupa toute sa vie, et jusqu'à l'heure où il s'évanouit dans la mort, son cœur fut déchiré par la vue des souffrances de ses semblables, son âme attristée par le spectacle des misères sociales, son esprit épouvanté par les redoutables énigmes de la vie et de la mort. La foi religieuse de ses premières années s'était attiédie et il était devenu un peu sceptique. Il doutait, mais il souffrait de douter. Ses rêveries et ses méditations aboutirent, d'une part, à des œuvres poétiques animées d'un souffle chrétien de charité ; de l'autre, à une philosophie grave et austère, stoïque et virile, qu'il résumait ainsi : « Un désespoir paisible, sans convulsions de colère et sans reproches au Ciel, est la sagesse même. »

(1) *Journal d'un poète.*

A priori, cette pensée semble paradoxale, mais elle est profondément vraie et admirablement pratique. Être résigné d'avance aux malheurs de la vie, aux caprices du sort, aux injustices de la fortune, ne pas désirer le bonheur, mais le recevoir avec joie quand il arrive comme un tiède rayon de soleil qui survient tout à coup au milieu d'une froide journée de décembre, envisager la destinée d'un œil calme et fier, attendre la solution de l'effrayant problème avec la sérénité du sage ou la patience héroïque du soldat qui calcule aux avant-postes le moment de sa mort :

> Gémir, pleurer, prier, est également lâche,
> Fais énergiquement ta longue et lourde tâche
> Dans la voie où le sort a voulu t'appeler ;
> Puis après, comme moi, souffre et meurs sans parler (1).

'Voilà ce que conseille le sombre penseur aux âmes fortes qui n'ont pas eu le bonheur de conserver la foi. Le stoïcisme ne dessèche pas le cœur; c'est lui qui fait éclore les résolutions viriles, germer les grandes pensées qui ennoblissent l'homme, le soutiennent et le dirigent dans les épreuves de la vie.

Le livre original dans lequel Alfred de Vigny plaidait si éloquemment la cause du poète, ne s'adressait pourtant qu'à un public assez restreint et ne pouvait être compris de tout le monde : l'auteur jugea sa tâche inachevée, son œuvre incomplète et,

(1) *La mort du Loup. (Destinées.)*

désirant frapper un plus grand coup, songea alors à transporter au théâtre l'épisode de *Chatterton*. Ce drame, écrit « dans le silence d'un travail de dix-sept nuits, » fut représenté au Théâtre-Français le 12 février 1835. Le beau rôle de Kitty-Bell fut admirablement interprété par Madame Dorval. Chaque fois qu'elle entrait en scène, elle était accueillie par les frénétiques applaudissements du parterre et ensevelie sous les fleurs que lançait des loges un public idolâtre. C'est de cette époque que date cette liaison de l'actrice et du poète, qui devait causer dans la suite tant de tourments à ce dernier. Comme un éclair rapide qui laisse après qu'il a lui de plus profondes ténèbres, la fugitive apparition ne traversa un instant la sombre nuit de *Stello* que pour l'abandonner ensuite à de plus tristes rêves, à de plus poignantes angoisses.

Chatterton eut un succès d'enthousiasme : le public fut profondément remué par ce drame déchirant, qui, avec une mise en scène des plus simples, atteint la plus haute émotion dramatique. Des larmes coulaient de tous les yeux quand l'infortuné poète avale la fiole d'opium, après avoir dit le sublime monologue où il analyse ses souffrances et met à nu les blessures de son âme.

Jamais triomphe ne fut plus complet et ne fut mieux mérité. L'auteur clouait au pilori l'égoïsme bourgeois dans la personne de John Bell et idéalisait toutes les vertus de la femme dans la gracieuse et chaste création de Kitty-Bell, cette charmante sœur d'Eloa. Le *Docteur Noir* était devenu le quacker compatissant et miséricordieux, à la science profonde et aux sages conseils, essayant en vain de retenir au bord de l'abîme le malheureux que de sots protecteurs font mourir à petit feu en l'abreuvant d'humiliations et de dégoûts.

Le style, enfin, avait atteint un degré de perfection que nul auteur dramatique n'a dépassé sur notre théâtre contemporain.

Les partisans de la vieille école ne manquèrent cependant pas de protester contre le succès de *Chatterton*; la critique des *Débats* et de la *Revue des deux Mondes* fut à cet égard d'une malveillance systématique. A la Chambre, quelques voix parties du centre, découvrirent même dans cette œuvre des tendances socialistes. Mais ce drame de la pensée produisit sur la masse du public des impressions toutes différentes; toutes les âmes généreuses se sentirent émues de pitié en faveur de ces hommes qui ont dans leur âme de si riches trésors de poésie et qui manquent souvent du pain qu'un métier vulgaire leur aurait donné.

Après avoir assisté aux représentations de *Chatterton*, M. le comte Maillé-de-la-Tour-Landry institua un prix de 1,500 fr. que l'Académie devait décerner, tous les ans, au jeune poète dont elle aurait jugé les débuts dignes d'être encouragés. C'était déjà beaucoup, mais c'était insuffisant. Il faudrait, autant que possible, enlever aux poëtes les préoccupations matérielles de l'existence; les 1,500 fr. de M. de Latour-Landry ne constituaient qu'un secours temporaire. Voici les deux mesures que nous proposons, plutôt par acquit de conscience que pour autre chose; car le problême posé dans *Chatterton* nous paraît parfaitement insoluble.

1º L'État devrait avancer les frais d'impression à tout jeune homme pauvre qui débuterait dans les lettres et qui ne trouverait pas d'éditeur qui voulût traiter avec lui. Il est bien entendu qu'au préalable les manuscrits devraient être examinés par une commission choisie dans le sein de l'Académie française.

2º Tout poëte proclamé tel par la même assemblée, et qui n'aurait pas de moyens d'existence, devrait être inscrit au budget de l'instruction publique pour une pension annuelle de 1,800 fr. Celui qui ne produirait plus ou dont les œuvres se vendraient assez pour lui permettre de vivre, perdrait ses droits à la pension.

Le plaidoyer de M. de Vigny, d'autant plus éloquent qu'il était désintéressé, ne peut rien changer à la nature des choses. Le vent du malheur brisera toujours la lyre des poëtes, et de nouveaux noms viendront grossir cette liste qui s'ouvre avec le nom d'Homère, qui se continue avec ceux d'Ovide, du Tasse, de Camoens, de Cervantés, de Lesage, de Spencer, de Dryden, de Gilbert, de Chénier, de Chatterton, et que ferment ceux de Malfilatre, de Savane, d'Elisa Mercœur, d'Escousse, d'Hégésipe Moreau, de Charles Dovalle, d'Armand Lebailly. Le raisonnement sera toujours l'ennemi de l'imagination et du sentiment. La société fera toujours un sort très-dur aux hommes de la pensée; les calculateurs et les positivistes ne comprendront jamais ceux qui ne songent qu'à l'idéal et qui vivent dans le monde des rêves. Eh! disons-le aussi, par tempérament, le poète est prédestiné au malheur; ce qui ne fait qu'effleurer le cœur des autres hommes fait au sien d'incurables blessures, et la vue des tristes réalités de la terre offense bien davantage des yeux sans cesse tournés vers le ciel. Son insouciance, son inexpérience des choses vulgaires sont aussi pour lui une cause perpétuelle de souffrances, de déceptions et de misères. Certes, s'il était permis à la société d'avoir deux poids et deux mesures, elle devrait, au point de vue des nécessités sociales, faire des exceptions pour les poètes et établir quelques priviléges pour ces glorieux infortunés, éternellement voués à l'admiration et à la pitié.

Ces préoccupations ne cessèrent de tourmenter l'auteur de *Chatterton*; le sort des gens de lettres lui inspira toujours une sympathie qui ne fut pas stérile, et dans la mesure de ses moyens, il secourut leur misère avec le plus grand dévouement. En 1839, ayant appris que Lassailly venait de

4*

mourir d'une fièvre chaude, suite naturelle de dures privations et de la tension continuelle d'un puissant esprit, il se rendit à la chambre avec M. de Lamartine, et y fit une quête abondante, dont il alla tout de suite porter le produit à la sœur du malheureux poète. Le 15 janvier 1841, il écrivit aux députés une lettre sur la propriété littéraire, dans laquelle il demandait qu'on restituât une partie des droits d'auteurs à Mlle Sedaine. La pauvre fille était aveugle, et de plus, le gouvernement de Juillet venait de réduire la pension que lui avait accordée l'Empire et qu'avait augmentée la Restauration.

Le livre de *Servitude et Grandeur militaire* eut le plus spontané des succès, un succès de larmes et de sincères émotions. Publié en 1835, il mit le sceau à la gloire littéraire d'Alfred de Vigny. Malgré son désenchantement, l'ancien officier de la garde royale ne fut jamais radicalement guéri de cet amour des armes que lui avait transmis une longue suite d'ancêtres, et c'est avec une sorte de joie douloureuse que, recueilli dans les souvenirs de sa vie militaire, il écrivit ce noble livre, d'un si beau style, d'une si grande portée philosophique et sociale, rempli de profondes observations, de peintures si délicates et si touchantes. Les poètes n'étaient pas les seuls auxquels le chantre d'*Eloa* aimait à prodiguer les trésors de sa pitié et de sa sympathie. Pendant ses quatorze ans d'armée, il avait eu le temps d'étudier les mœurs simples,

naïves et franches du soldat; de voir de près ces
misères si courageusement supportées, ces obscurs
dévouements de ces *silencieux martyrs de l'honneur.* Comme il le dit dans les premières pages de
son livre, *si l'armée est une chose qui tue, c'est
aussi une chose qui souffre.* Dans les délicieux et
navrants épisodes de *Laurette,* de la *Veillée de
Vincennes* et du *Capitaine Renaud,* il rend hommage à ce sentiment de l'honneur et du devoir si
profondément ancré dans le cœur du soldat, en
même temps qu'il gémit sur son sort, sur cette
complète abnégation de tout bien-être, de toute
liberté physique, de toute indépendance morale.
Le soldat n'est pas responsable des iniquités que
lui font souvent commettre les gouvernements ;
c'est aux sociétés et non pas à eux qu'il faut repro-
cher d'avoir conservé ce dernier héritage de la
barbarie, le droit de tuer son semblable sur un
champ de bataille. Tout est vrai dans cette œuvre,
comme tout y est profondément senti et admirablement raconté.

Servitude et Grandeur militaire est populaire à
l'armée : avec l'Annuaire militaire, c'est le seul
livre que feuillettent encore plus d'un vieux gro-
gnard de ma connaissance, qui ont la modestie de
reconnaître quelques traits de leur physionomie
dans le type héroïque du capitaine Renaud. Ce
livre est grave et austère, animé d'un souffle viril,
plein du culte de ce sentiment de l'honneur, seule

religion hélas ! que connut peut-être le poète dont
nous avons essayé de raconter la vie.

En 1842, le fauteuil de M. de Frayssinous étant
devenu vacant, Alfred de Vigny se présenta à
l'Académie et fit les visites d'usage.

On trouve dans ses *Notes intimes* les entretiens
qu'il eut avec ces hommes célèbres à différents
titres. Ce sont tout autant de scènes délicates et
fines, dignes parfois du vigoureux pinceau de
Molière. On songe aux Harpagon et aux Géronte
en lisant le récit de la visite qu'il fit à Royer-Collard, à qui les rancunes classiques et une sorte
d'ambition rentrée avaient enlevé jusqu'au moindre
sentiment des convenances. Nous la donnons ici
telle qu'elle est rapportée dans le journal d'un
poète, publié par Louis Ratisbone :

« ROYER-COLLARD debout et appuyé contre le
mur. — Monsieur, je vous demande bien pardon,
mais je suis en affaire et ne puis avoir l'honneur de
vous recevoir ; j'ai là mon médecin.

« ALFRED DE VIGNY. — Monsieur, dites-moi un
jour où je puisse vous trouver seul, et je reviendrai.

« R.-C. — Monsieur, si c'est seulement la visite
obligée, je la tiens comme faite.

« A. d. V. — Et moi, Monsieur, comme reçue,

si vous voulez ; mais j'aurais été bien aise d'avoir votre opinion sur ma candidature.

« R.-C. — Mon opinion est que vous n'avez pas de chances…. (Avec un certain air qu'il veut rendre ironique et insolent.) *Chances!* N'est-ce pas comme cela qu'on parle à présent ?

« A. d. V. — Je ne sais pas comment on parle à présent ; je sais seulement comme je parle et comment vous parlez dans ce moment-ci.

« R.-C. — D'ailleurs, j'aurais besoin de savoir de vous-même quels sont vos ouvrages.

« A. d. V. — Vous ne le saurez jamais de moi-même, si vous ne le savez déjà par la voix publique. Ne vous est-il jamais arrivé de lire les journaux?

« R.-C. — Jamais.

« A. d. V. — Et comme vous n'allez jamais au théâtre, les pièces jouées un an ou deux de suite aux Français, et les livres imprimés à sept ou huit éditions vous sont également inconnus ?

« R.-C. — Oui, Monsieur, je ne lis rien de ce qui s'écrit depuis trente ans ; je l'ai déjà dit à un autre. (Il voulait parler de Victor Hugo.)

« A. d. V. en prenant son manteau pour sortir et le jetant négligemment sur son épaule. — Dès-lors, Monsieur, comment pouvez-vous donner votre voix, si ce n'est d'après l'opinion d'un autre ?

« R.-C. interdit et s'enveloppant dans sa robe de malade imaginaire. — Je la donne, je la donne.

Je vais aux élections ; je ne peux pas vous dire comment je la donne, mais je la donne enfin.

« A. d. V. — L'Académie doit être surprise qu'on donne sa voix sur des œuvres qu'on n'a pas lues.

R.-C. — Oh! l'Académie, elle est bonne personne, elle est très-bonne, très-bonne. Je l'ai déjà dit à d'autres, je suis dans un âge où on ne lit plus, mais où l'on relit les anciens ouvrages.

« A. d. V. — Puisque vous ne lisez pas, vous écrivez sans doute beaucoup?

« R.-C. — Je n'écris pas non plus, je relis.

« A. d. V. — J'en suis fâché, je pourrais vous lire.

« R.-C. — Je relis, je relis.

« A. d. V. — Mais vous ne savez pas s'il n'y a pas des ouvrages modernes bons à relire, ayant pris cette coutume de ne rien lire.

« R.-C. assez mal à l'aise. — Oh ! c'est possible, Monsieur, c'est vraiment très-possible.

« A. d. V. marchant vers la porte et mettant son manteau. — Monsieur, il fait assez froid dans votre antichambre pour que je ne veuille pas vous y retenir longtemps ; j'ai peu l'habitude de cette chambre-là.

« R.-C. — Monsieur, je vous fais mes excuses de vous y recevoir....

« A. d. V. — N'importe, Monsieur, c'est une fois pour toutes. Vous n'attendez pas, je pense, que je vous fasse connaître mes œuvres. Vous les découvrirez dans votre quartier ou en Russie, dans les traductions russes ou allemandes, sans que je vous dise : « mes enfants sont charmants, » comme le hibou de la Fontaine.

« (Ici Alfred de Vigny ouvre la porte, Royer-Collard le suivant toujours.)

« R.-C. pour revenir sur ses paroles. — Eh ! mais, je crois qu'il y aura deux élections.

« A. d. V.— Monsieur, je n'en sais absolument rien.

« R.-C. — Si vous ne le savez pas, comment le saurais-je?

« A. d. V. — Parce que vous êtes de l'Académie et que je n'en suis pas; je sais seulement que je me présente au fauteuil de M. Frayssinous.

« R.-C. — Et quelles autres personnes?

« A. d. V. — Je n'en sais rien, Monsieur, et ne dois pas le savoir.

« (Ici il lui tourne le dos, remet son chapeau et sort sans le saluer, tandis que Royer-Collard reste tenant la porte et disant : « Monsieur, j'ai bien l'honneur de vous saluer.) »

Dans cette lutte à armes *discourtoises* entre le politique et le poète, la victoire resta au dernier, car il avait sur son adversaire l'avantage d'être galant homme.

Les chouettes n'ont jamais aimé les hirondelles.

Enfin, le 8 mai 1845, il fut nommé membre de l'Académie française en remplacement de M. Etienne. Le discours de M. de Vigny était très-beau, mais un peu long, et, en outre, ne renfermant pas le moindre mot d'éloge à l'adresse de Louis-Philippe. Le jour de la séance de réception on fut témoin d'un fait inouï dans les annales académiques. M. Molé, froissé sans doute de son silence à l'égard du roi et du dédain que l'auteur de *Stello* professait pour les hommes politiques, adressa au récipiendaire ces paroles d'une sanglante ironie, d'une inconcevable dureté : « Vous n'avez jamais écrit que quelques pages à vingt ans, pour flatter le despotisme dont la faveur donnait des emplois et de l'or. Mais, académiquement, vous êtes trop fier de votre néant pour que je puisse vous répondre par des critiques. Où les prendrais-je? Le néant n'a pas de rival, et la critique ne mord pas sur rien. Je suis réduit au silence. Ce n'est pas tout d'avoir la physionomie d'un homme agréable, il faut encore avoir l'air d'un héros ou la parole d'un orateur : sans cela, il faut être poli, si l'on ne tient pas à être juste. »

On se demande encore ce qui, dans la vie ou les écrits de M. de Vigny, pouvait autoriser une pareille invective. La moindre des qualifications que l'on puisse opposer à M. Molé en pareille occurence, est celle d'homme mal élevé. Sainte-Beuve explique, par des raisons plus ou moins ingénieuses, une pareille dérogation aux usages académiques ; mais le récit qu'il nous donne de la séance et de ses préliminaires est en contradiction flagrante avec le journal *l'Intime*, publié par Louis Ratisbonne. En présence de ces deux documents, l'hésitation n'est pas possible, et nous donnons la préférence à celui qui émane de l'homme de bien et d'honneur dont nous chérissons la mémoire.

Le nouvel académicien ne consentit pas à se laisser présenter au château par M. Molé, et il attendit l'élection d'un nouveau directeur pour remplir cette formalité.

Dès 1835, Alfred de Vigny avait cessé de produire et s'était retiré dans la solitude pour ne plus en sortir. Plus d'une amère douleur, plus d'une intime souffrance l'attendaient dans sa modeste retraite, entre sa mère mourante et sa femme malade ; la gêne s'y fit plus d'une fois sentir. Pour nourrir ces deux êtres dont l'existence était liée à la sienne, il n'eut, pendant quelque temps, d'autres ressources que le produit des éditions de *Cinq-Mars :* pieux emploi du salaire du génie. Le gentilhomme dont les ancêtres étaient les hauts et puissants seigneurs du Tronchet, de Montcharville, des Deux-Emarville, Isy, Frêne, Jonville, Folleville, Gravelle et autres lieux, en était réduit, pour vivre, aux labeurs de sa pensée. Sa mère mourut en 1837, mais sa femme mit longtemps à s'éteindre et ne la précéda dans la tombe que de

quelques jours, qui furent pour le poète une douloureuse agonie. Quelques amis lui étaient restés
fidèles et le visitaient souvent dans son appartement de la rue des Ecuries-d'Artois. C'étaient
Antony Deschamps, Louis de Ronchaud, Jules
Lacroix, Guillaume Pauthier, son ancien compa-
gnon d'armes, et enfin Louis Ratisbonne, le charmant auteur de la *Comédie enfantine*, qui eut pour
lui l'amitié et la vénération d'un fils (1). Il les
recevait dans un grand salon aux sombres drape-
ries; l'intérieur en rappelait à la fois le poète, le
gentilhomme et le soldat. On y remarquait un
portrait de Raynard, le grand-oncle de sa mère;
un billot posé dans un coin, près de deux têtes de
bronze, celles de Cinq-Mars et de de Thou; une
charmante statuette représentant Eloa, œuvre d'une
délicatesse infinie qu'un artiste italien lui avait en-
voyée après la publication du poème, et en ayant
la rare modestie de taire son nom.

(1) Louis Ratisbonne, son exécuteur testamentaire, a
publié les *Destinées* et les notes intimes recueillies
dans ses papiers, sous le titre de *Journal d'un poète*.
La lecture de ce dernier volume est du plus grand intérêt et éclaire d'un jour nouveau la vie et l'œuvre
d'Alfred de Vigny. Avant cette publication, bien des
traits de cette intéressante physionomie pouvaient
échapper aux regards des admirateurs et des critiques;
aussi une grande reconnaissance est-elle due, par le
public, à M. Louis Ratisbonne.

A demi couché dans une chaise longue, le poëte drapé dans son manteau d'officier, analysait doucement sa souffrance et regardait venir la mort d'un œil calme et serein. « Donnez-moi des nouvelles du monde des vivants, » disait-il à Louis Ratisbonne. « Mais je ne lui avais pas encore répondu, ajoute ce dernier, qu'il m'entraînait avec lui, comme il faisait toujours, dans le monde des idées, son vrai domaine ; vers quelque champ de la poésie ou de l'art, dans son royaume. » Un paisible désespoir et une inoffensive ironie se mêlaient à son beau sourire : il écrivait alors les *Destinées*, œuvre profondément empreinte de tristesse, de lassitude, d'amertume et de découragement, pleine d'un stoïcisme douloureux et d'une sombre résignation. A mesure qu'il s'approchait de la mort, l'énigme de la destinée humaine lui paraissait plus insoluble que jamais ; les terribles questions qu'il s'était anxieusement posées durant sa vie lui paraissaient désormais sans réponses ; le doute planait de ses sombres ailes dans la nuit de son âme, comme il le dit dans le *Mont des Oliviers* :

> S'il est vrai qu'au jardin sacré des Ecritures,
> Le Fils de l'homme ait dit ce qu'on voit rapporté ;
> Muet, aveugle et sourd au cri des créatures,
> Si le Ciel nous laissa comme un monde avorté,
> Le juste opposera le dédain à l'absence
> Et ne répondra plus que par un froid silence
> Au Silence éternel de la Divinité.

Ces beaux vers nous révèlent la lutte douloureuse que se livraient en lui une âme religieuse et un esprit sceptique. Hélas! s'il doutait, il aurait bien voulu croire. Son cœur ne guérit jamais de la secrète blessure qui le rongeait comme le vautour de Prométhée; mais, pétri d'une argile héroïque, il se replia sur lui-même et ne se plaignit pas. Si rien n'est plus désespérant que ce poème des *Destinées*, rien n'est aussi plus austère et plus viril, plus stoïque et plus fier.

S'il n'eut ni la foi ni l'espérance, il eut la charité; et Dieu, qui lit dans les consciences, aura pardonné les défaillances de sa pensée.

Il s'éteignit, après d'horribles souffrances, dans les derniers jours de septembre 1863, à l'âge de 66 ans.

Son corps fut porté au cimetière Montmartre et, suivant ses recommandations, pas un discours ne fut prononcé sur sa tombe. Elle est demeurée isolée, simple et modeste, comme la vie de l'homme dont elle renferme les cendres, et quelques amis en connaissent seuls le chemin.

Ainsi finit cette noble vie dont pas une ombre ne voile l'éclat des vertus. Peu de mémoires, au XIXe siècle, sont aussi pures que celle de cet homme de bien, de ce loyal gentilhomme, qui fut *sans haine et sans reproches* : sans doute, des noms ont retenti plus bruyamment, ont été entourés d'une plus éclatante célébrité ; mais aucun n'éveille en l'âme d'aussi belles pensées , n'agite le cœur d'aussi douces émotions. Le poète d'*Eloa*, le confident de *Stello*, le penseur des *Destinées,* a chanté l'amour, la pitié, la tolérance et le pardon , a grandi la dignité humaine , a célébré avec de virils accents la religion de l'honneur : tels sont ses titres à la gloire. Il n'aimait pas la popularité , mais il tenait à l'estime des esprits sérieux, à l'admiration des cœurs honnêtes ; ils ne lui feront pas défaut. Pure lumière brillant à travers l'albâtre, urne cinéraire pleine de larmes , de parfums et d'harmonies, astres de la voie lactée versant de loin une douce clarté , paysages d'automne aux tièdes rayons , blancheurs d'hermine aux mélancoliques splendeurs , telles sont les expressions qui tombent invariablement de la plume des critiques, quand ils apprécient la vie et l'œuvre d'Alfred de Vigny. Fondez dans la rêverie ces teintes diverses en un tout harmonieux , et vous aurez l'image chaste et sereine , douce et triste du poète aimé dont le souvenir restera cher à tous ceux que charment les sentiments délicats , qu'émeuvent les grandes pensées.

Sa belle vie se réfléchit dans son œuvre, comme un charmant paysage dans le pur cristal d'une source limpide et profonde. Les admirateurs de son génie sont en même temps les amis de sa mémoire, l'entourent d'un pieux respect et la défendent comme celle d'un frère bien aimé.

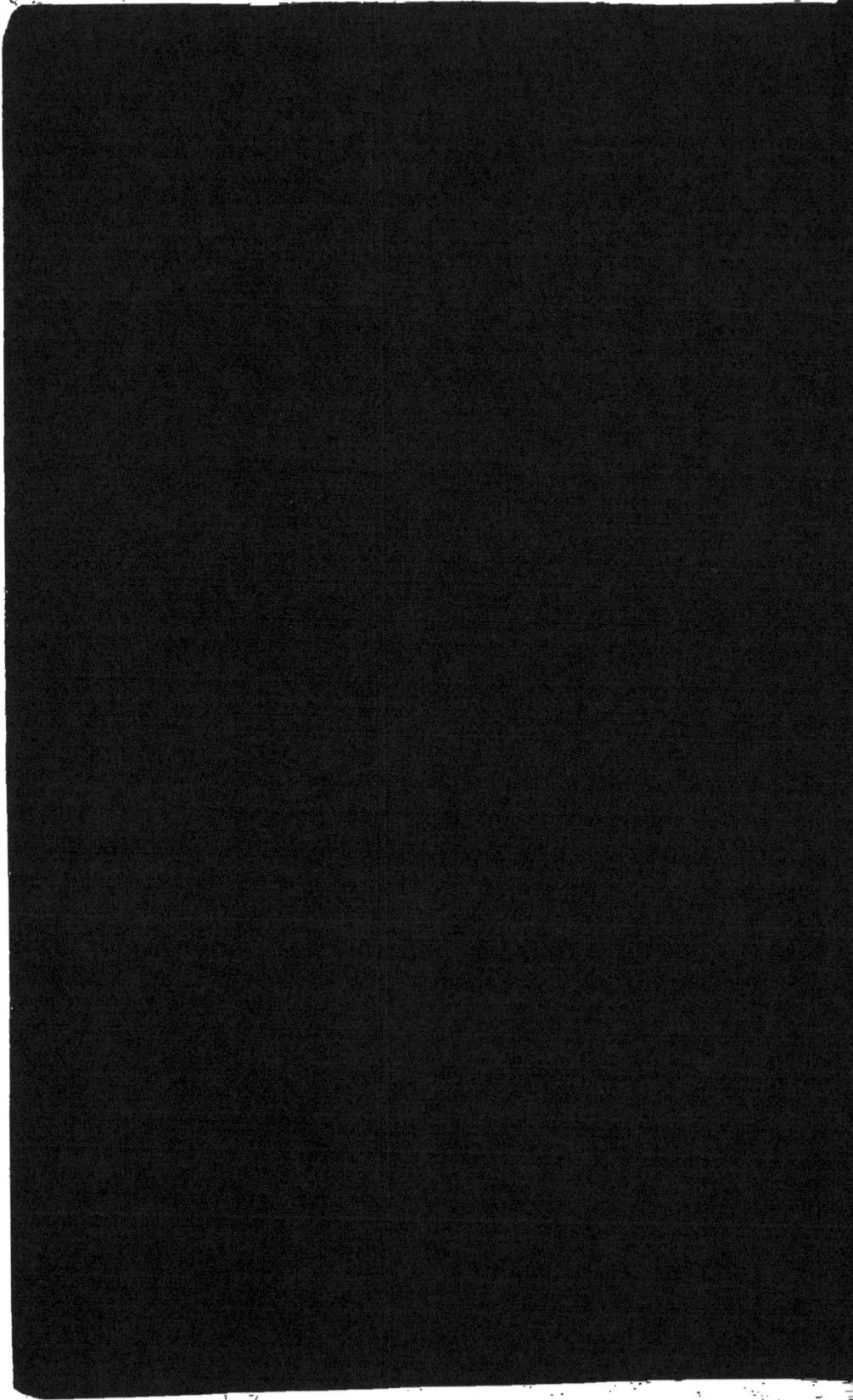

www.ingramcontent.com/pod-product-compliance
Lightning Source LLC
Chambersburg PA
CBHW070902280326
41934CB00008B/1547